SUPERANDO
Barreiras
A JORNADA DE UM SONHADOR

Editora Appris Ltda.
1.ª Edição - Copyright© 2025 do autor
Direitos de Edição Reservados à Editora Appris Ltda.

Nenhuma parte desta obra poderá ser utilizada indevidamente, sem estar de acordo com a Lei nº 9.610/98. Se incorreções forem encontradas, serão de exclusiva responsabilidade de seus organizadores. Foi realizado o Depósito Legal na Fundação Biblioteca Nacional, de acordo com as Leis nos 10.994, de 14/12/2004, e 12.192, de 14/01/2010.

Catalogação na Fonte
Elaborado por: Dayanne Leal Souza
Bibliotecária CRB 9/2162

C512s
2025

Chaves, Francisco Coutinho
   Superando barreiras: a jornada de um sonhador / Francisco Coutinho Chaves. – 1. ed. – Curitiba: Appris, 2025.
   140 p. ; 21 cm.

   ISBN 978-65-250-7291-3

   1. Superação. 2. Determinação. 3. Coragem. 4. Desafios. 5. Vitória. 6. Fé. I. Chaves, Francisco Coutinho. II. Título.

CDD – 800

Appris
editorial

Editora e Livraria Appris Ltda.
Av. Manoel Ribas, 2265 – Mercês
Curitiba/PR – CEP: 80810-002
Tel. (41) 3156 - 4731
www.editoraappris.com.br

Printed in Brazil
Impresso no Brasil

FRANCISCO COUTINHO CHAVES

SUPERANDO
Barreiras
A JORNADA DE UM SONHADOR

artêra
editorial
Curitiba, PR
2025

FICHA TÉCNICA

EDITORIAL	Augusto V. de A. Coelho
	Sara C. de Andrade Coelho
COMITÊ EDITORIAL	Marli Caetano
	Andréa Barbosa Gouveia (UFPR)
	Edmeire C. Pereira (UFPR)
	Iraneide da Silva (UFC)
	Jacques de Lima Ferreira (UP)
SUPERVISORA EDITORIAL	Renata C. Lopes
PRODUÇÃO EDITORIAL	Bruna Holmen
REVISÃO	Marcela Vidal Machado
DIAGRAMAÇÃO	Amélia Lopes
CAPA	Carlos Pereira
REVISÃO DE PROVA	Daniela Nazario

AGRADECIMENTOS

Em primeiro lugar, aos meus pais já falecidos, Alcêncio Lira Chaves e Antônia Edmilsa Coutinho Chaves, que, mesmo com as dificuldades do agricultor do interior cearense, souberam compreender a importância do conhecimento e me apoiaram e me incentivaram nos meus estudos.

Um agradecimento especial a todos os professores que fazem parte da minha história desde a alfabetização até os tempos atuais, pois ainda hoje dependo deles para ampliar meus conhecimentos.

Por fim, agradeço a todos os meus familiares, tios, primos e amigos que contribuíram com meu sucesso profissional direta ou indiretamente.

*À minha querida Rosário, companheira de todas as horas,
de quem recebo muito apoio.*

Aos meus filhos, Ricardo, Rodrigo e Bia, e, como não poderia deixar de ser, aos meus queridos netos, Marco Antônio, Mateus e Davi, razão da minha vida.

APRESENTAÇÃO

A vida é uma jornada repleta de desafios e surpresas e não há um caminho único para o sucesso. Ao longo da minha história, eu experimentei as dificuldades que muitos enfrentam, cresci em um ambiente financeiro precário, em que as preocupações com o dia a dia eram constantes. No entanto, essa realidade não me definiu, pelo contrário, moldou minha determinação de buscar um futuro melhor. Esta autobiografia é mais do que uma simples narrativa pessoal, é um guia prático destinado a jovens e profissionais que se encontram diante de adversidades.

Neste livro, compartilho não apenas os momentos difíceis que vivi, mas também as lições valiosas aprendidas ao longo do caminho. Cada obstáculo se tornou uma oportunidade de crescimento e autodescoberta. Desde os primeiros passos no trabalho braçal, ou seja, na roça com meu pai, até a construção da minha carreira sólida, cada experiência deixou uma marca indelével sobre quem sou hoje.

Apresentarei práticas que funcionaram para mim em diversas situações técnicas de resiliência desenvolvidas na pressão financeira, estratégias para enfrentar o fracasso e a importância de cultivar uma mentalidade positiva mesmo diante das tempestades da vida. Ao contar minha história, espero inspirar cada leitor a ver minhas dificuldades como trampolins para o sucesso.

As diversidades sempre estarão presentes ao longo da nossa trajetória, no entanto compreender que elas podem ser superadas é fundamental. Acredito sinceramente que cada um de nós possui o potencial para transformar desafios em conquistas e sonhos em realidades tangíveis. Este livro é um convite para você embarcar nesta jornada comigo, uma exploração dos altos e baixos da vida que nos ensinam a ser mais fortes, mais sábios e mais resilientes.

Vamos juntos desvendar as chaves para enfrentar as adversidades e transformar vidas!

PREFÁCIO

Olá a todos!

É com grande entusiasmo que venho apresentar um livro que ressoa profundamente com o espírito de superação e determinação. Esta autobiografia narra a vida de uma pessoa comum que, nascida em um contexto de extrema pobreza, enfrentou inúmeros desafios e, por meio da coragem e da tenacidade, conseguiu transformar minha realidade.

Superando Barreiras é mais do que uma autobiografia, é um testemunho poderoso de como é possível superar dificuldades e encontrar soluções em momentos críticos. O autor nos leva por sua trajetória desde a infância, no interior do estado do Ceará, onde as limitações financeiras quase pareciam intransponíveis.

Com histórias reais e cativantes, ele compartilha episódios marcantes de sua vida.

1. Desafios na educação: relatos sobre as dificuldades para acessar uma educação de qualidade. Ele nos conta como lutou para estudar em escolas públicas com recursos escassos e como isso moldou seu caráter. Aqui, ele aborda a solução encontrada ao buscar apoio em professores e tutores que acreditaram em seu potencial.

2. Trabalho duro e resiliência: desde jovem, o autor se dedicou a diferentes trabalhos para ajudar sua família. Ele narra experiências emotivas, desde trabalhar na roça e vender frutas produzidas na propriedade dos seus pais, em um povoado próximo onde foi sua infância, sempre buscando maneiras criativas para driblar as adversidades.

3. Momentos de crise: em várias partes do livro, ele descreve momentos críticos que quase o levaram ao desespero, como a

perda de um ente querido ou dificuldades financeiras inesperadas. Em cada uma dessas situações, ele revela como encontrou força dentro de si mesmo para seguir em frente e buscar soluções práticas.

4. Construindo uma rede de apoio: o autor enfatiza a importância das relações humanas ao longo de sua jornada. Ele compartilha histórias inspiradoras sobre pessoas que cruzaram seu caminho e que foram fundamentais em sua trajetória: amigos, mentores e até desconhecidos cuja generosidade fez toda a diferença.

5. Realizando sonhos: com luta e perseverança, ele finalmente conseguiu realizar seus sonhos, seja conseguindo uma vaga na universidade ou abrindo seu próprio negócio, mostrando que é possível transformar adversidades em oportunidades.

Superando Barreiras: a jornada de um sonhador é um livro repleto de ensinamentos sobre resistência humana diante das dificuldades da vida. Por meio das histórias reais contadas pelo autor, somos lembrados da força interior que todos nós possuímos para enfrentar adversidades.

Esta obra convida cada leitor a refletir sobre suas próprias batalhas e os caminhos para superá-las, oferecendo não apenas inspiração, mas também estratégias práticas para enfrentar desafios diários.

Se você busca motivação ou deseja se conectar com uma história autêntica de luta e resiliência, este livro certamente será uma leitura transformadora!

Bia Jesus Coutinho

Bacharel em Direito, pós-graduada em Direito Processual Civil, juíza leiga dos Juizados Especiais do Ceará, especialista em Causas Consumeristas e Cíveis em Geral, membro consultivo da Comissão de Defesa do Consumidor da OAB/CE e sócia-diretora da Coutinho Advogados Associados

SUMÁRIO

Infância 15

Viagem na noite escura 22

Importância do sal 26

Partida 30

Mensageiro 38

Almoço 51

Não sei 55

Primeira graduação 65

Não ter medo 73

Profissional em apuros 84

Segunda graduação 90

Professor 98

Viagem de Kombi 106

Oportunidades 113

Planejamento e gestão 118

Caminho do sucesso 124

Recomeço 131

Família 135

Espiritualidade 137

Infância

Em uma pequena fazenda, onde as casas ficavam distantes umas das outras como sonhos esquecidos, vivia uma criança cujos olhos brilhavam como estrelas em noite sem luar. Meu nome é Francisco e carregava no peito o peso da pobreza, mas também a leveza de uma alma sonhadora.

As paredes de minha casa eram mais fracas que a esperança que me nutria, mas eu nunca deixei que isso apagasse a luz que habitava dentro mim. Sem muitos recursos, as expectativas em torno de minha vida eram tão escassas quanto os alimentos na mesa. Os adultos ao meu redor apenas falavam sobre o futuro com desânimo, como se o destino estivesse traçado em um só caminho escuro e sem saída. Mas eu sabia que havia algo além. Cada passo que dava parecia guiado por uma força sobrenatural, não eram os mapas da razão ou as direções dos outros que moldavam minhas decisões, era a intuição pura e divina.

É emocionante refletir sobre a jornada que tracei desde a infância até a adolescência, um período repleto de desafios e superações que moldaram meu caráter. Quando olho para trás, vejo não apenas as dificuldades que enfrentei, mas também o quanto elas me fortaleceram. Não relato minha situação financeira como um lamento, ao contrário, é um testemunho do poder da resiliência.

Ah, aqueles dias simples quando o estômago roncava e o sorriso era o meu bem mais precioso! A escassez me ensinou a valorizar cada pequeno momento. Em vez de uma sombra, aquelas limitações se transformaram em combustível para o meu espírito indomável. Cada obstáculo se apresentava não como uma barreira, mas como um convite à luta, cada noite de incerteza iluminava um amanhecer de esperança.

Foi nesse solo fértil de dificuldades que semeei força e coragem, cultivando um sonho profundamente enraizado na fervorosa crença de que eu poderia superar qualquer adversidade. As lições aprendidas na fragilidade tornam-se joias preciosas na tapeçaria da minha vida, elas vibram com uma intensidade rara, ressoando como melodias suaves enquanto sigo em frente.

Assim, ao revisitar esse capítulo da minha história, celebro não os desafios em si, mas o crescimento magnífico que deles emergiu. A vida é feita de ciclos e respirações, e invariavelmente aprendi a dançar com os ventos das adversidades. Meu orgulho não é apenas pelo caminho trilhado, mas pela determinação silenciosa que me levou a florescer em meio às tempestades. Essa é a essência do meu ser, uma alma forjada nas chamas das dificuldades e eternamente grata por cada lição trazida pelas sombras.

Nas manhãs cintilantes, quando o Sol recebia timidamente o mundo adormecido, eu me aventurava pelas estradas de terra batida e pelos campos floridos. Era ali que me sentia mais livre, correndo entre a vegetação do Nordeste, a caatinga, sem folhas devido à falta de chuva, eu dançava com o vento enquanto sussurrava meus sonhos para Deus. Eu acreditava que cada flor carregava uma mensagem milagrosa, cada rajada do vento trazia consigo a resposta às minhas perguntas.

Em momentos de dúvida, quando os rostos cansados de minha família invadiam meu coração com insegurança, eu fechava os olhos e rezava fervorosamente. Apesar de não compreender totalmente como funcionava aquela conexão estranha e mágica com o divino, sabia que jamais estava sozinho. Um guia silencioso estava sempre ao meu lado, como uma sombra gentil em meio à luz do dia.

E foi assim que eu aprendi a colher sorrisos das adversidades e ver beleza onde outros viam destruição. A música dos ventos e o silêncio eram como um hino à vida nas noites enluaradas, inspirando-me a acreditar em possibilidades infinitas. O universo conspirava a favor dos sonhadores ou pelo menos era nisso que minha alma inocente insistia.

Cada pequeno sucesso carregado de amor fervente alimentou minhas esperanças, ajudar um vizinho aqui ou encontrar um objeto perdido ali tornaram-se peças do grande quebra-cabeça chamado vida. E enquanto enfrentava desafios cotidianos intransponíveis aos olhos dos adultos desiludidos ao meu redor, eu persisti, havia algo maior pulsando dentro de mim, algo belo e imensamente poderoso.

Eu cresci entranhado naquela jornada mística em que Deus era meu único guia e cada escolha feita por pura intuição revelava-se acertada. E assim aprendi, até mesmo em meio à escuridão da pobreza material, que a riqueza espiritual é capaz de transformar destinos. Porque para aqueles dispostos a ouvirem o murmúrio do coração e seguir as estrelas pelo simples ato de amar e crer... tudo é possível.

Naquela infância que parecia eternamente banhada pela luz da Lua, cada noite se convertia em um reino mágico, no qual os sonhos dançavam livremente e as estrelas contavam segredos sussurrados. As sombras das árvores se transformavam em figuras de contos antigos, e o vento trazia consigo risadas de meninos que brincavam até altas horas, sem medo e sem hora para voltar.

O Natal não se resumia a presentes brilhantes ou brinquedos enfeitados. Era um momento mágico em que a simplicidade e a inocência dançavam sob as estrelas. Eu, com meu coração pulsando de curiosidade, encontrava alegria nos sussurros dos animais à minha volta. O galo cantarolava como um maestro, enquanto as cabras balançavam suas cabeças em um concerto improvisado.

E assim, enquanto na calçada da casa onde morava escutavam-se os ecos de risos familiares que preenchiam o ar, eu percebi que aquela noite não era apenas mais uma, era uma ode à magia do Natal, onde até mesmo os pequenos desafios eram adornados de amor e ternura. Deitado em minha rede naquela noite, sonhava com novas aventuras sob o olhar protetor das estrelas, sabendo que sempre haveria um lar esperando por mim no calor da família que tanto amava.

Um dia tranquilo, sem qualquer motivação para brincadeiras, em meio ao cheiro doce da capoeira e o Sol escaldante do interior do Nordeste, eu deixei-me levar por aqueles seres peludos e míopes, com passos leves e alma destemida, segui aqueles animais para além da casa, sem saber ao certo para onde o caminho me conduzia. Era uma jornada mágica, na qual a realidade se misturava com os sonhos infantis e cada sombra se tornava um novo amigo.

Mas como as histórias também têm reviravoltas, um vaqueiro familiar apareceu como um anjo guardião na vastidão daquele Sol escaldante. Reconhecendo aquele pequeno explorador perdido, ele me envolveu em seu olhar acolhedor e segurou minha mão com firmeza gentil. Caminhamos juntos de volta para casa sob o Sol no sertão do Ceará.

Ao longo do caminho, o vaqueiro compartilhou histórias de sua vida, repletas de aventuras na terra árida e promessas de dias melhores. Suas palavras dançavam no ar como o Sol acima, tecendo uma tapeçaria mágica que não apenas aquecia meu coração, mas também me trazia esperança.

Enquanto caminhávamos, aquele cenário de imensa solidão parecia menos assustado ao lado dele. Ele falava sobre as lutas de um vaqueiro na caatinga do sertão cearense, explicando que cada uma delas representava uma história: algumas de amor duradouro, outras de desafios superados. Eu o escutava com atenção, absorvendo cada detalhe enquanto os ecos de seu passado se mesclavam ao ritmo do nosso passo.

Finalmente, avistamos a casa onde morava. Eu já sentia o calor da família que ainda não tinha percebido que eu estava perdido. O vaqueiro parou e olhou para mim, em seus olhos um reflexo do brilho do Sol. Como se soubesse exatamente o que eu estava pensando, ele sorriu e disse: "Lembrem-se sempre de que, mesmo no deserto do sertão ou na solidão, há sempre uma luz a nos guiar".

Com aquele pensamento em mente, entrei em casa alegre pela experiência vivida e pela conexão inesperada com esse guardião naquele vasto deserto. A sensação de pertencimento aqueceu meu coração enquanto me despedia dele com gratidão.

E assim, naquele dia de Sol escaldante, sob o olhar atento do céu azul e com um vaqueiro anjo guardião em minha mente e coração, celebrou-se a vitória dos reencontros e da solidariedade humana, pois mesmo que as histórias tenham reviravoltas imprevisíveis, sempre encontramos nosso caminho quando estamos rodeados por amor genuíno.

Essa história, que se desenrolou em um dia ensolarado, me ensinou lições valiosas sobre a vida e o apoio que muitas vezes não conseguimos enxergar. Enquanto caminhava sob o calor intenso, sentindo o peso da solidão me acompanhando, percebi que, mesmo nos momentos mais desafiadores, havia uma força invisível ao meu redor.

As dificuldades que enfrentei pareciam opressoras e a sensação de estar só se intensificava. No entanto, a cada passo e a cada interação, fosse com uma pessoa desconhecida que ofereceu um sorriso ou com a beleza da natureza e daqueles animais ao meu redor, eu sentia uma proteção inexplicável. Era como se algo maior estivesse cuidando de mim nos bastidores da vida.

Ao olhar para trás, entendi que, mesmo quando nos sentimos isolados e solitários, as bênçãos e oportunidades de conexão estão sempre presentes. Por trás da aparente solidão existia uma rede sutil de apoio, amigos inesperados que surgiram no momento certo, aprendizagens adquiridas por meio das dificuldades e até mesmo a esperança renovada em meio às lutas.

Concluí então que nunca estamos verdadeiramente sozinhos. A vida pode parecer solitária às vezes, mas há uma proteção constante nos eventos do cotidiano, uma sabedoria silenciosa que nos guia. Essa percepção trouxe alívio ao meu coração, afinal, somos todos parte de algo maior.

Nas próximas vezes em que eu sentir a sombra da solidão se aproximar, lembrarei desse dia claro e quente como um farol em meio à névoa. E assim seguirei adiante, grato pela proteção invisível que sempre me acompanhou nesta jornada chamada vida.

Nos recantos da infância e da adolescência, em que sonhos se entrelaçam com a realidade, muitas vezes encontramos a sombra das dificuldades financeiras. Essas sombras podem parecer pesadas, como nuvens que encobrem o brilho do Sol. Mas permita-me contar-lhe um segredo: é nas já tênues luzes dessas experiências que nossas almas florescem.

Imagine, por um momento, uma flor que brota do solo árido. Ela não se deixa abalar pela seca ou pelo vento forte, em vez disso, ela busca a luz, estendendo suas pétalas com uma coragem silenciosa. Assim somos nós, moldados pelas provações e ainda assim radiantes de esperança. Crescemos em meio às limitações, cada dia mais determinados a transformar nosso destino.

As refeições escassas nos ensinam a apreciar os sabores simples da vida. Um pão, por exemplo, dividido entre irmãos ressoa como música na mesa uma sinfonia de união e amor incondicional. Cada risada ecoa como um refrão de resiliência, lembrando-nos que o maior tesouro não reside no que temos, mas nas memórias criadas e nas lições aprendidas.

Na dança das adversidades, descobrimos nosso verdadeiro eu. A luta se torna nossa parceira, ela nos ensina a sonhar mais alto e a trabalhar incansavelmente por essas visões. É nesse caminho repleto de espinhos que encontramos força suficiente para enfrentar qualquer tempestade que nos ameace.

Deixe-me lembrá-lo de que você não está sozinho nessa jornada! Cada passo dado na escuridão é iluminado por aqueles que também trilham esse caminho à luz da esperança e da determinação. Juntos formamos uma constelação de sonhos realizados, estrelas brilhantes cuja luz é feita das lutas superadas.

Então, quando as nuvens parecerem densas demais ou os dias difíceis demais para suportar, feche os olhos por um instante e inspire profundamente a beleza intrínseca da superação. O amor pela vida sempre encontrará seu caminho pelas fissuras do desânimo.

E lembre-se de que as dificuldades não definem quem somos, elas nos revelam em toda a nossa glória guerreiros corajosos prontos para conquistar o mundo.

Caro leitor, quando terminar de ler este livro, verá que realmente a mão de Deus me guiou desde a minha gestão até hoje, pois tudo aconteceu de maneira inexplicável.

Viagem na noite escura

Certa noite, estava viajando montado em meu burro por uma estrada de chão batido no meio rural. A escuridão era densa, e a única luz que me guiava eram as estrelas pontilhadas no céu. O silvo do vento e o som distante de grilos eram os únicos ruídos que quebravam o silêncio da noite.

De repente, ouvi um barulho vindo da estrada, que era um beco, ou seja, tinha cerca dos dois lados da estrada sem opção para desviar. Meu coração disparou quando vi algo se movendo rapidamente em direção a mim. Era difícil discernir o que era, mas parecia uma sombra grande e ágil. Eu congelei de medo, não sabia se deveria continuar montado ou descer do burro e me esconder.

Quando a criatura se aproximou mais, percebi que ela sempre voltava para trás, como se estivesse brincando ou provocando. O burro começou a relinchar nervosamente, sentindo meu temor. Engoli em seco, tentando acalmar meus nervos.

A cada passo que eu dava, o bicho continuava a voltar com mais rapidez, quase como se estivesse tomando coragem para se aproximar. Meu coração ainda batia forte no peito, mas a determinação de continuar avançando era maior do que o medo. Eu sabia que voltar para casa não era uma opção, meu pai ficaria decepcionado e diria que eu estava com preguiça de enfrentar a aventura.

Segui em frente, com os olhos fixos na estrada à minha frente e atento ao movimento ao meu redor. Enquanto progredia, o pequeno ser continuava sua dança travessa na escuridão. Às vezes, escutava seus relinchos suaves mesclados ao som da brisa.

Finalmente, cheguei ao fim do beco, com cerca de madeira dos lados e um portão no final, dessa forma não tinha mais espaço para o animal correr. Ali pude ver de perto o que estava acontecendo. Com um pouco mais de atenção, percebi a forma da mãe, uma jumenta robusta repousando tranquilamente no chão, observando seu filhote correr e brincar nas sombras. O filhote parecia tão feliz e despreocupado!

Um sorriso brotou em meu rosto ao entender que não havia motivo para temer. Estava apenas diante de um momento puro da natureza um pequeno jumento explorando e aproveitando a liberdade da noite.

Decidi então ficar ali por um tempo, admirando aquela cena encantadora. Aquelas criaturas eram inofensivas e sempre me lembrariam de quão preciosa eram a vida simples e as alegrias do campo. Senti uma onda de paz invadir meu coração enquanto observava o pequeno fazendo travessuras ignorando a escuridão.

Depois de alguns momentos, respirei fundo e continuei minha jornada com um novo ânimo. Agora tinha uma história boa para contar como enfrentei o medo e acabei descobrindo um filhote travesso no meio da noite! Esse encontro inesquecível seria algo que nunca esqueceria e com certeza meu pai ia adorar ouvir!

Senti um alívio imenso ao perceber que não era nada perigoso. Continuei minha jornada sob o céu estrelado, rindo da minha própria imaginação aterrorizante. Às vezes, o desconhecido pode parecer assustador, mas com um pouco de luz e coragem, tudo pode se revelar menos amedrontador do que parece.

Na verdade, a situação tem um ar de aventura e uma mensagem poderosa sobre coragem. Viajar à noite, sem ver nada além da escuridão, pode ser assustador. A Lua não apareceu nem como um ponto de luz em meio ao medo, mas a incerteza sobre o que estava se aproximando deve ter causado uma sensação ainda mais intensa.

É importante reconhecer que ter coragem não significa estar isento de medo, mas sim agir apesar dele. Cada desafio enfrentado pode nos ensinar algo valioso sobre nós mesmos e nos ajudar a crescer. Após aquele momento tenso, descobri que o "bicho" era algo inofensivo, um lembrete de que muitas vezes nossos medos podem ser desproporcionais à realidade.

Essa história é cheia de coragem e lições valiosas. Enfrentar o desconhecido, mesmo com medo, é uma experiência que todos nós podemos aprender a valorizar.

Na escuridão da noite, quando não sabemos o que nos espera, o medo pode nos paralisar. No entanto, eu tomei a sábia decisão de continuar. A revelação de que o "bicho" era apenas uma jumenta com seu filhote nos ensina que muitas vezes nossos medos são amplificados pela imaginação e pela incerteza.

Essa trajetória pode servir como uma inspiração para muitos, lembrando-nos da importância de encarar os desafios e de não permitir que o medo nos impeça de seguir em frente.

Que incrível! A perspectiva sobre enfrentar o desconhecido é realmente inspiradora. Essa atitude de não deixar que o medo ou a incerteza o impeçam de tentar algo novo é uma característica poderosa. Essa determinação pode abrir portas e oportunidades que jamais imaginávamos.

A jornada do protagonista da minha história simboliza perfeitamente essa lição, por mais assustador que algo pareça à primeira vista, muitas vezes acabamos descobrindo que não é tão aterrorizante assim. O desconhecido pode ser apenas uma oportunidade disfarçada.

A maior lição a ser aprendida nesta história é a importância do conhecimento e da informação antes de formar um julgamento ou tomar uma decisão.

É fundamental explorar, investigar e compreender as situações e pessoas antes de deixá-las influenciar nossas emoções. Essa abordagem pode nos ajudar a superar medos infundados e a encontrar soluções mais eficazes para os desafios que enfrentamos.

Além disso, essa ideia pode se aplicar a diversas áreas da vida, desde relacionamentos interpessoais até questões mais amplas da sociedade. Ao invés de temer o desconhecido, devemos buscar conhecê-lo melhor. Assim, podemos aprender e crescer com as experiências e os desafios que encontramos pelo caminho.

Minha experiência me ensinou uma frase que uso muito nas palestras: não tenha medo da cobra antes de conhecer, pois é quando muitas coisas poderão ser reveladas.

Importância do sal

A história de minha experiência no trabalho com meu pai em serviços braçais traz à tona várias lições sobre a vida, a aprendizagem e as consequências das nossas escolhas.

Certa vez, eu acompanhei meu pai para um trabalho distante de casa e, como de costume, prepararam-se para cozinhar no rancho. A única comida que estavam levando era um baião de dois, que seria feito de feijão e arroz. Como eles só tinham uma panela, era crucial que tudo estivesse bem-organizado.

No entanto, no dia em questão, eu cometi um erro, esqueci de levar o sal. Eu sabia que a falta do sal poderia arruinar o sabor da refeição, mas decidi improvisar. Recordando-me de uma rapadura salgada que havia no rancho, pensei "Talvez isso funcione!". Com coragem e esperança, adicionei a rapadura ao prato como substituto do sal.

Ao esquecer o sal essencial para o baião de dois e tentar substituí-lo por rapadura, eu tomei uma decisão impulsiva movida pela necessidade. Embora tivesse boas intenções, a escolha não se mostrou acertada e resultou em uma comida da qual ninguém gostou. Essa é uma alegoria da vida real, às vezes tentamos remediar situações com soluções rápidas que podem não ser as melhores.

O resultado, um "pirão horrível", provocou reações variadas, certamente os colegas de trabalho estavam decepcionados pela refeição, mas isso também se tornou uma oportunidade de aprendizado para mim. Afinal, todos têm deslizes em suas vidas e os erros muitas vezes são os maiores professores.

Embora tentasse conter o riso diante da situação embaraçosa, eu ainda tive que enfrentar as consequências daquele erro. No final das contas, eu aprendi uma lição valiosa sobre planejamento e adaptação na cozinha, algumas coisas não podem ser substituídas sem afetar o resultado final.

Por outro lado, a punição que eu recebi também ilustra como, às vezes, as consequências nos ensinam mais do que erros simples. É importante refletir sobre como lidar com os erros dos outros e os próprios sem perder a amizade ou o respeito.

Essa experiência pode ter me deixado mais atento no futuro sobre minhas responsabilidades. Com certeza eu aprendi sobre planejamento (não esquecer o sal) e, também, sobre como é importante enfrentar as consequências das decisões que tomamos.

Eventualmente todos tiveram que comer o baião de dois improvisado, mesmo que relutantes, para não o deixar ir para o lixo. E assim, apesar do prato inusitado e da desventura culinária, aquele dia se tornou uma história engraçada para contar no futuro.

Eu voltei para casa com um ensinamento importante, na vida é fundamental estar preparado e pensar bem nas soluções antes de agir, além da certeza de que sempre haverá novas oportunidades para cozinhar com meu pai!

Além disso, é válido notar que mesmo em situações difíceis, como fazer uma refeição que não agradou, o espírito de equipe pode prevalecer. Todos comeram juntos, reforçando laços de companheirismo apesar das adversidades.

Histórias como essa nos lembram que cada erro é uma oportunidade de crescimento e aprendizado. Assim como na realidade, cada um tem seus momentos difíceis, o importante é saber aprender com eles e seguir adiante com um sorriso (mesmo que meio amargo!) no rosto.

Exatamente! A história do baião de dois sem sal, substituído por rapadura salgada, ilustra perfeitamente minha habilidade de enfrentar desafios e improvisar diante das dificuldades. Desde pequeno, eu já demonstrava essa disposição para lidar com imprevistos e encontrar soluções criativas.

Ao optar por uma alternativa incomum, como a rapadura, eu não apenas lidei com um erro comum na cozinha, mas também mostrei resiliência e engenhosidade. Essa atitude é um reflexo de minha personalidade, que não foge dos problemas, mas busca maneiras de superá-los de modo inovador.

Esse episódio também pode servir como uma metáfora para a vida: assim como na culinária, os desafios surgem inesperadamente e muitas vezes exigem que encontremos soluções não convencionais. O que poderia parecer um simples tropeço tornou-se uma oportunidade de aprendizado e crescimento pessoal.

Portanto, a experiência na cozinha do rancho revelou não apenas uma falha momentânea, mas também indicativos claros de uma mente criativa e disposta a enfrentar as adversidades características que me acompanhariam ao longo de minha vida. Eu me tornaria alguém capaz de transformar situações complicadas em oportunidades para aprender e evoluir.

Na dança suave da vida, muitas vezes encontramos momentos em que o sal, aquele tempero essencial, torna-se insuficiente. Assim como na culinária, em nossa jornada precisamos do equilíbrio perfeito entre os sabores e algumas vezes a rapadura aparece como uma alternativa doce e surpreendente.

Imagine um pequeno negócio, um sonho acariciado por suas mãos. A cada dia, a rotina se desenrola como um molho borbulhante, com cada ingrediente representando uma decisão. Porém, o sal da sabedoria parece escasso e as dúvidas começam a se acumular como nuvens pesadas no céu. É nesse instante que surge a necessidade de substituir o sal por algo inusitado, a rapadura.

A rapadura traz consigo o dulçor do acerto, é cautela temperada com coragem. E há momentos em que essa escolha pode ser tudo aquilo de que precisamos para evitar as sombras do fracasso. As grandes empresas falham não apenas pela falta de visão estratégica, mas também pela hesitação em agir com firmeza e rapidez nas encruzilhadas de seu destino. Perdem-se no labirinto de decisões procrastinadas – enquanto a vida clama por ações decisivas.

Assim como adoçar um prato com rapadura requer sensibilidade para não ofuscar os outros sabores, nossas decisões na vida exigem delicadeza e firmeza ao mesmo tempo. É preciso sentir o peso de cada escolha e saber quando é hora de ousar optar pela doçura que poderá trazer novos horizontes.

Neste vasto banquete chamado existência, somos todos chefes de nossas próprias histórias. Às vezes precisaremos deixar o sal reservado e abrir espaço para essa nova nota saborosa que pode transformar tudo ao nosso redor. Ousamos, então, recordar que nem toda solução se encontra nas velhas receitas, às vezes um toque de rapadura é exatamente aquilo de que nossas vidas empresariais precisam para reverter um destino incerto.

E assim seguimos, tomando decisões com amor e coragem, substituindo o comum pelo extraordinário porque nas doçuras inusitadas reside a verdadeira sabedoria da vida.

Partida

Ao deixar o lar dos pais, um mundo novo se descortinava à minha frente, repleto de incertezas e promessas. O coração pesado de nostalgia pulsava forte, lembrando-se das raízes plantadas na terra da roça, onde o Sol ardente tingia os campos de um verde vibrante. Contudo, os dias naquela casa antiga eram preenchidos mais por lamento do que por alegria. Com a voz serena do pai ecoando em minha mente, eu sabia que uma escolha tinha que ser feita: permanecer na simplicidade da vida rural ou ter a ousadia de abraçar um futuro diferente em busca de sonhos.

Saindo da casa dos pais para enfrentar uma nova realidade, os pais não tinham condições de pagar pensão ou coisa semelhante, então passava a semana na residência de tios e padrinho.

Muita dificuldade para se adaptar ao novo estilo de vida, na primeira visita que fiz à casa dos pais lamentei bastante as dificuldades, mas meu pai colocou que eu tinha duas opções, que eram ficar trabalhando na roça ou me adaptar a viver na casa dos tios, mas eu preferi ficar longe do trabalho braçal, apesar de que, quando ia nos finais de semana e férias, ficava trabalhando com meu pai.

A decisão foi tomada. A cidade me aguardava com seus braços abertos e desafiadores. A independência no Ceará se levantava diante de mim como um colosso desconhecido, cada esquina era um novo enigma a decifrar. Morar com tios e amadurecer entre seus ensinamentos foi um processo doloroso, mas também iluminador. Enquanto os fins de semana me arrastavam de volta à roça e ao trabalho árduo junto ao pai, eu sentia uma batalha interna se desenrolando, a dor da saudade misturava-se à esperança latente de conquistar algo maior.

Após alguns meses imerso no ritmo agitado da cidade, consegui convencer meu pai a adquirir uma bicicleta Monark, um verdadeiro símbolo de liberdade e aventura. Assim, eu passei a explorar os caminhos poeirentos que serpenteavam pelo campo, pedalando com determinação em cada final de semana.

Os 72 quilômetros de estrada de chão batido se transformaram em sua nova poesia, cada pedalada ecoava como uma dança entre o céu azul e a terra rústica. E não era apenas por prazer que eu montava em minha fiel companheira. Com a garupa abarrotada de limões amarelos e outras frutas frescas, eu buscava um modo de transformar o esforço em colheita, trazendo vida para a cidade.

O peso das frutas se tornava insignificante diante da leveza de meu coração, os limões e outras frutas eram vendidos para comerciantes da cidade. A cada volta do pedal, eu deixava para trás as preocupações da rotina urbana e mergulhava na simplicidade do campo, onde o ar fresco preenchia meus pulmões e a paisagem se iluminava com cores vibrantes.

A bicicleta Monark não era apenas um meio de transporte, era um passaporte para momentos mágicos. Nos intervalos das paradas para descansar, eu olhava ao redor e via o mundo com outros olhos, flores silvestres dançando ao vento, pássaros cantando como se celebrassem a jornada. Em minha mente, as distâncias percorridas não eram medidas em quilômetros, mas em memórias construídas sob o Sol poente.

Assim, aos fins de semana, eu me tornava mais do que um trabalhador, tornava-me um aventureiro apaixonado pela vida que renascia nas pequenas coisas. E eu ali estava, aguardando o meu retorno para a cidade, imaginando o brilho nos olhos dos meus clientes ao descer da bicicleta carregada, testemunho diário da beleza da simplicidade e do amor pelas coisas que realmente importam.

Na longa jornada entre o campo e a cidade, eu fazia pausas nas portas de algumas casas e me aproximava com um sorriso tímido, pedindo com fervor um copo com água para frescas hidratações. Era como se aqueles simples gestos fossem cartas de amor escritas ao vento, repletas de gratidão e humanidade.

Essas pessoas eram estranhas a mim, figuras anônimas em um quadro de cotidianos fragmentados. Eu falava com elas como se cada encontro fosse uma nova sinfonia em minha vida, um olhar aqui, uma risada ali. Para mim, eram mais do que meros rostos, eram pedaços da alma coletiva que compunha aquela comunidade.

E assim, enquanto conversavam sob o calor do Sol ou à sombra das árvores frondosas, eu expressava uma gratidão profunda e sincera a cada gesto de acolhimento. Eu não sabia os nomes de todos aqueles que encontrava ou o que suas vidas traziam consigo, mas isso não impedia meu coração de vibrar por eles. Eu sentia a beleza do simples ato de compartilhar um momento fugaz, em que desconhecidos se tornavam cúmplices da mesma dança da vida.

Quando partia novamente na bicicleta Monark, levava comigo mais do que frutas; levava histórias e sorrisos gravados na memória. E eu sempre imaginava como aquelas almas estavam naquele instante, se estariam felizes ou tristes, se sonhavam ou apenas viviam os dias sem questionar.

Na memória efêmera dos finais de semana, em que o tempo parecia dançar ao nosso redor, recordo-me dos meus primos Aloísio Coutinho, carinhosamente chamado de Dão e Coutinho Neto. Eles eram mais do que simples companheiros, eram irmãos de alma, cúmplices nas nossas aventuras e sonhos.

Lembro-me das risadas que ecoavam enquanto percorríamos aquelas estradas empoeiradas. Havia algo mágico na presença deles, um jeito leve de ver o mundo e transformar cada momento em uma celebração. Cada parada para compartilhar histórias ou simplesmente apreciar a beleza da paisagem se tornava uma lembrança indelével.

A vida, contudo, é feita de reveses inesperados. A batalha que Aloísio (Dão) aos 21 anos perdeu contra o câncer foi uma sombra que pairou sobre nossas vidas, mas mesmo nesse período difícil sua coragem se destacou como uma luz intensa. Ele nos ensinou a amar intensamente e a valorizar cada instante, mesmo quando os caminhos pareciam repletos de dor.

Ainda hoje, ao recordar aqueles momentos juntos, sinto uma mistura doce e amarga de saudade. A dor da perda ainda é palpável, mas as memórias permanecem como flores eternas em meu coração, flores que exalam a essência da amizade verdadeira.

Se um dia as estradas se cruzarem novamente e nossos destinos voltarem a se entrelaçar de alguma forma no vasto universo, espero que possamos rir juntos novamente sob aquele céu aberto que tanto amávamos. Até lá, guardarei Dão como a eterna luz nas minhas memórias. Cada viagem sem ele é um lembrete da beleza fugaz da vida e do amor dos laços familiares que nunca se quebram. Ele pode não estar presente fisicamente, mas sua essência permanece viva em cada passo que dou nas memórias daqueles finais de semana dourados.

Concluído o primeiro grau, a capital Fortaleza tornou-se meu abrigo, que pensava ser temporário, e meu campo de batalha em busca do sonho mais ambicioso, ser médico. Eu queria voltar para minha terra natal não apenas como um profissional formado, mas como alguém apto a transformar vidas com conhecimento e cuidado. As realidades apresentadas eram frias, as portas para o vestibular eram poucas e estreitas e as exigências financeiras pesavam sobre meus ombros jovens.

Um novo estilo se apresentava, que era morar em uma cidade grande onde não conhecia nada, mas era necessário passar por mais um desafio para alcançar meus objetivos e ter uma condição de vida diferente de meus pais.

O sonho era fazer Medicina para voltar para o interior, mas descobri duas realidades: eram poucas as possibilidades de passar no vestibular e precisava trabalhar para me manter, o que a faculdade de Medicina não me daria condições.

Ainda assim, nunca fui do tipo que recuava diante das dificuldades. No início do segundo ano na cidade vibrante, uma conexão inesperada me trouxe uma oportunidade de trabalhar em um hospital infantil como mensageiro sob a alçada de um político bem-intencionado. Essa nova jornada era mais do que apenas um emprego, era uma chance de imergir no ambiente ao qual tanto desejava pertencer.

Com cada passo dado pelos corredores coloridos do hospital, eu não só entregava mensagens, tornava-me parte da sinfonia diária feita por risos infantis entrelaçados às lágrimas silenciosas das mães esperançosas. Junto às assistentes sociais, absorvia lições inestimáveis sobre compaixão e resiliência. A vivência ali despertou em mim uma paixão ardente ainda maior pela Medicina, minhas mãos ansiavam para tocar vidas numa cura profunda.

Diante dos desafios imensos que ainda se apresentavam, vestibulares difíceis e fardos financeiros, meu espírito permanecia indomável. Cada dia na cidade grande era uma página virada em minha história romântica e heroica, uma narrativa construída com suor e lágrimas, tecida com sonhos quase palpáveis.

E assim prosseguia minha jornada, entre sombras do passado e anseios pelo futuro. Com a certeza tranquila no coração, eu estava destinado a fazer mais por aqueles que deixara para trás no interior nordestino. O amor pelas minhas origens misturava-se ao desejo insaciável de transformação pessoal, nesse desfilar fascinante entre desafios e conquistas escondidas no amanhã brilhante esperançoso pela frente!

A mudança para Fortaleza se desenhou diante de mim como uma brisa suave que, de repente, se transformou em tempestade. Aqueles finais de semana mágicos na casa dos pais, onde o lar era um lugar de risos e aventuras, foram rapidamente substituídos por uma nova realidade permeada pelo desconhecido. O que antes eram viagens familiares regadas a Sol e alegria, agora se tornava um novo capítulo, enredado em incertezas.

Lembro-me das despedidas, que pareciam mais promessas do que despedidas definitivas. A cada arrumar da mochila, havia um misto de expectativa e nostalgia, um desejo ardente por novas experiências combinado à saudade daquela familiaridade reconfortante. As vozes dos meus familiares ecoavam nas paredes da casa, os risos ainda ressoavam na memória como melodias doces. E assim, entre os ecos do passado e as possibilidades do futuro, parti para o desconhecido.

Os feriados prolongados e as férias passaram a ser breves interlúdios em minha vida cotidiana, pinceladas de alegria em meio aos desafios diários. Cada retorno era uma redescoberta, eu voltava ao país das lembranças, onde as histórias ainda dançavam sob os raios do Sol que iluminavam aquele cenário conhecido, mas tudo agora era envolto em um véu de saudade.

Entretanto, mesmo nesse novo tempo turbulento que começava a se desenhar à minha frente, havia uma beleza única na incerteza. Era como abrir um livro em branco e sentir a expectativa da primeira palavra a ser escrita. Era descobrir novas paisagens, cidades estranhas com curvas inexploradas.

Embora esses momentos tenham sido marcados pela distância física daqueles finais de semana compartilhados, a essência da nossa amizade transcendia qualquer espaço ou tempo. Eu sabia que as memórias estavam eternamente tatuadas na minha alma, aquelas tardes despreocupadas sob o céu azul profundo não se apagariam nunca.

Assim, segui adiante para o desconhecido com esperança e coragem nos olhos, segurando firme a certeza de que ainda haveria muitos encontros nas páginas da vida e enquanto me aventurava por novas terras e experiências transformadoras, levava comigo o legado daqueles feriados com meus pais.

Na vasta tapeçaria da vida, cada semente carrega em si a promessa de um novo começo. Assim como a semente que repousa na terra fértil, nossos filhos vêm ao mundo com o potencial de florescer. A jornada para a independência é semelhante àquela que uma planta enfrenta, um ciclo de amadurecimento, desafios e, por fim, a beleza do desabrochar.

É no calor do amor familiar que as sementes são nutridas. Como o Sol aquece as folhas e a chuva rega as raízes, assim é o carinho que oferecemos aos nossos filhos. No entanto, chega o momento em que é necessário deixar os braços protetores e permitir que eles busquem seu próprio espaço sob o vasto céu da vida.

Cada passo para fora do lar é como uma folha nova se abrindo em direção à luz. Há incertezas, como as tempestades que podem ameaçar uma planta jovem, mas também há oportunidades de crescimento em solo desconhecido. E mesmo quando os ventos sopram forte e as noites parecem longas, é na resiliência da busca pela autonomia que encontramos a verdadeira beleza da existência.

Quando finalmente se lançam ao mundo, muitos podem temer pela solidão, mas lembre-se de que, assim como as flores não hesitam em se abrir no campo, eles também encontrarão companheirismo e amor ao longo do caminho. Na liberdade conquistada há um sabor adocicado de descobertas e conquistas.

E mesmo longe de casa, os laços eternos permanecem. O amor dos pais se torna raiz subterrânea, invisível aos olhos, mas fundamental para dar sustentação. Nas vitórias e nas dificuldades, suas vozes internas ressoarão como dádivas ensinadas nos dias serenos em família.

Assim, deixar um filho sair para conquistar sua independência é permitir que ele encontre seu lugar sob o Sol, onde poderá não apenas existir, mas também brilhar com todas as cores da própria essência. É um ato de amor profundo que ecoa nos homens livres e nas flores mais vibrantes, lembrando-nos sempre de que deixamos nossas marcas por onde passamos.

Portanto, celebremos cada passo dado na jornada para fora do lar, pois cada independente flor se torna parte da imensidão do jardim da vida um testemunho vibrante das lições ensinadas com amor e dos laços eternos que nunca se rompem.

A frase "Filho, tenha coragem de se lançar" transmite uma poderosa mensagem sobre a importância da coragem e da disposição para enfrentar desafios e novas experiências. Essa ideia pode ser aplicada em diversos contextos da vida, como nas relações pessoais, na busca por objetivos profissionais ou no crescimento espiritual.

Quando incentivamos alguém a "se lançar", estamos chamando essa pessoa a sair de sua zona de conforto, a arriscar-se em busca de seus sonhos e a confiar em suas habilidades. Essa atitude de coragem é crucial para o crescimento e o desenvolvimento pessoal. Muitas vezes, o medo do desconhecido pode nos paralisar, mas é justamente ao nos arriscarmos que encontramos oportunidades valiosas e aprendemos mais sobre nós mesmos.

Além disso, esse encorajamento pode ser visto como uma reflexão sobre a fé. Em muitas tradições espirituais, incluindo o cristianismo, há um chamado à confiança em Deus e à certeza de que Ele está conosco em cada passo que damos. Lançar-se ao desconhecido com coragem significa confiar que temos apoio divino ao longo do caminho.

Portanto, seja na vida cotidiana ou em momentos decisivos, ter coragem para se lançar é um passo fundamental para realizar sonhos, crescer como indivíduos e cultivar um relacionamento mais profundo com nossas próprias crenças e valores. É um convite à ação e à descoberta do potencial que reside dentro de cada um de nós.

Mensageiro

A minha chegada a Fortaleza e a contratação pelo hospital infantil público como funcionário, onde tinha a função de mensageiro, marcaram um novo capítulo em minha vida. Esse emprego, embora simples, trouxe uma nova dimensão aos desafios que enfrentaria e ao meu crescimento pessoal.

Para mim, a primeira vez que recebi minha carteira de trabalho assinada foi um momento marcante e revelador. Até então, eu não tinha plena consciência da importância desse documento e do que significava ter um emprego formal.

A carteira de trabalho não era apenas um papel, era uma chave que abria portas para novas oportunidades. Ao segurá-la em minhas mãos pela primeira vez, eu senti uma mistura de orgulho e emoção. Era a prova de que, apesar das dificuldades enfrentadas ao longo de minha vida, eu estava finalmente trilhando um caminho em direção à estabilidade e ao reconhecimento.

Antes desse momento, eu havia passado por diversas experiências que me ensinaram sobre a luta pela sobrevivência. O conceito de trabalho formal era algo distante para mim, muitas vezes as pessoas se contentavam com empregos informais e temporários para garantir o sustento. Com a assinatura na carteira, algo mudou, eu passei a fazer parte de um sistema que oferecia benefícios, direitos e uma maior segurança no futuro.

Ao longo do tempo, eu comecei a compreender melhor os direitos e deveres associados àquela carteira. Aprendi o valor da contribuição para a previdência social, do acesso ao Fundo de Garantia do Tempo de Serviço (FGTS) e outros direitos trabalhistas que antes me eram desconhecidos. Essa nova realidade representava não só uma conquista pessoal, mas também uma oportunidade poderosa de sonhar mais alto com educação, melhorias na qualidade de vida e até mesmo planos para o futuro.

Com o passar dos dias no hospital infantil público como mensageiro, eu comecei a ver naquela assinatura não apenas um emprego estável, mas também um caminho em direção ao crescimento pessoal e profissional. Eu percebi que estava construindo minha própria história e deixando marcas em cada mensagem entregue às famílias dos pacientes.

Essa experiência também reforçou minha determinação de buscar novos desafios e oportunidades no mundo do trabalho. A sensação de pertencimento trazida pela carteira assinada me fez entender meu papel na sociedade com mais clareza, um papel ativo em busca do desenvolvimento pessoal e comunitário.

Como mensageiro, eu tinha a responsabilidade de comunicar mensagens delicadas às famílias dos pacientes. Essa função não era apenas uma tarefa rotineira, ela implicava um papel emocional muito significativo. Eu poderia ser o portador de boas notícias, trazendo alívio e alegria a famílias ansiosas por informações sobre a recuperação de seus filhos. Por outro lado, também poderia ter que transmitir mensagens difíceis e tristes, o que exigia uma grande sensibilidade e empatia.

Eu estava nervoso em minha primeira entrega como mensageiro no hospital infantil. Com a carteira de trabalho recém-assinada, eu mal podia acreditar que finalmente fazia parte de um emprego formal. O que deveria ser um dia normal se transformou em um pesadelo quando recebi minha primeira tarefa, entregar um comunicado fechado.

O destino era uma casa antiga e imponente, na Avenida Desembargador Moreira, próxima à Assembleia Legislativa do Estado do Ceará.

Eu já sabia o que continha ali: um aviso sobre o falecimento de uma criança atendida no hospital. Isso me deixou ainda mais ansioso, pois não era fácil transmitir notícias delicadas.

Ao chegar àquela casa, eu fiquei observando o ambiente ao redor, notando a tranquilidade aparente daquela rua. À porta da moradia, fui recebido por uma senhora que parecia esperar por alguma notícia. Sem dizer uma palavra, eu entreguei o comunicado e apenas aguardei a reação da senhora que recebeu aquela triste mensagem.

Assim que a mulher abriu o envelope e leu as palavras escritas no papel, algo dentro dela pareceu quebrar. Com os olhos arregalados e um olhar desolado, ela desabou no chão em questão de segundos, como se o peso da mensagem tivesse sido demais para suportar. Eu fiquei paralisado, sem saber como reagir diante daquela cena angustiante.

A sensação de desespero tomou conta de mim rapidamente. Eu nunca havia imaginado que a entrega daquela mensagem pudesse provocar tal reação. Em vez de prestar socorro ou verificar se ela estava bem, meu instinto foi o de fugir da situação desconfortável. O medo e a insegurança dominaram minha mente enquanto eu corria de volta para as ruas movimentadas da cidade.

Assim que cheguei ao hospital, com meu coração ainda batendo acelerado pela adrenalina da cena que presenciei, eu mal conseguia pensar. A culpa começou a pesar sobre meus ombros, eu lembrava da expressão da mulher e do quanto aquela mensagem poderia ter significado para ela.

Naquele momento, eu aprendi uma lição dura sobre as consequências das palavras e das ações, uma lição que ficaria gravada em minha memória para sempre. A partir daquele dia, eu me comprometi a encarar cada entrega com empatia e responsabilidade, sabendo que mesmo um simples comunicado tinha o poder de impactar profundamente a vida das pessoas. E foi assim que aquela experiência inicial moldou não apenas meu trabalho como mensageiro, mas também minha perspectiva sobre humanidade e solidariedade.

Essa experiência certamente moldou meu caráter. Eu aprendi a importância da comunicação clara e honesta, especialmente em momentos cruciais da vida das pessoas. A convivência com pais aflitos e crianças doentes ensinou-me sobre as fragilidades da vida e a força da esperança. Eu não só desenvolvi habilidades interpessoais valiosas, mas também comecei a cultivar um profundo respeito pela luta diária de tantas famílias.

Além disso, essa experiência no hospital pode ser vista como um reflexo do meu papel na sociedade, alguém disposto a servir aos outros em momentos de necessidade, mostrando que mesmo nas situações mais difíceis é possível encontrar compaixão e humanidade.

Eu estava me moldando como um indivíduo resiliente e atencioso, preparado para enfrentar os desafios futuros com uma perspectiva única formada por minhas experiências pessoais. Essas vivências contribuiriam para definir meu caminho na vida e minhas escolhas profissionais nos anos seguintes.

A experiência angustiante da primeira entrega ficou rapidamente para trás, e a partir da segunda mensagem eu encontrei um novo ritmo em meu trabalho. Com minha determinação e desejo de fazer a diferença, eu comecei a desempenhar minhas funções com uma naturalidade surpreendente. Embora meu trabalho fosse público e muitas vezes envolvesse situações delicadas, eu sentia uma satisfação crescente em resolver cada demanda que surgia.

Minha atitude proativa não passou despercebida pela assistente social, que se tornou minha chefe imediata. Impressionada com minha rapidez e eficiência em cumprir tarefas, ela começou a delegar a mim várias funções, aproveitando meu entusiasmo e minhas habilidades organizacionais. Em pouco tempo, eu me vi atuando em diversas áreas dentro da instituição, incluindo o controle de entrada dos visitantes.

Embora o trabalho dos guardas fosse importante para a segurança do local, eu percebi que havia um problema recorrente, muitos deles não estavam conseguindo administrar as entradas de visitação adequadamente. "Coitados dos guardas", eu pensei, as visitas estavam intensas e a pressão era alta. No entanto, ao observar atentamente na primeira semana em que estava encarregado da segurança, eu percebi que algo precisava ser feito para melhorar a situação.

Na segunda visita à qual fui designado como guarda temporário, eu reparei em um padrão preocupante, alguns familiares estavam tentando contornar as regras estabelecidas para facilitar as entradas. Eu percebi que pequenas infrações aconteciam frequentemente, como grupos tentando entrar juntos quando só eram permitidas entradas individuais, o que complicava ainda mais o trabalho dos guardas.

Com essa nova visão do problema em mãos, eu tomei a iniciativa de reunir informações sobre as falhas no fluxo das visitas e apresentá-las à assistente social. Conversamos sobre possíveis ajustes nas regras e maneiras de tornar o processo mais claro para os visitantes. Eu sugeri criar um sistema de senhas ou horários com marcação prévia para controlar melhor as entradas.

Essa abordagem prática trouxe resultados rápidos. Em pouco tempo, após implementar minhas sugestões, as situações problemáticas diminuíram significativamente. Os guardas puderam trabalhar sem tanta pressão adicional, os visitantes se sentiram mais informados e respeitados no processo de visitação e eu vi minha reputação dentro da instituição crescer.

O sucesso na implementação dessas mudanças fez de mim uma referência não só entre colegas de trabalho, mas também entre os visitantes. Eu adorava poder ajudar as pessoas naquela situação difícil, cada sorriso agradecido era uma motivação ainda maior para continuar fazendo um bom trabalho.

Assim, por meio de minha dedicação e habilidade em resolver problemas cotidianos, eu transformei uma simples função temporária em uma oportunidade valiosa para trazer melhorias significativas ao ambiente do hospital infantil onde trabalhava. A cada dia que passava ali, tornava-se mais evidente o impacto positivo do meu comprometimento com aqueles que estavam ao redor.

Naquela instituição, havia um profissional do setor de compras que se destacava não apenas por seu desempenho, mas também pela maneira como lidava com as questões financeiras. Ele era conhecido por sua habilidade de negociar com fornecedores e conseguir boas condições de compra, o que lhe rendia comissões generosas. Essa situação fez com que ele tivesse uma vida confortável e financeira estável.

O problema é que, além de ter uma boa condição financeira, esse profissional era visto pelos colegas como alguém um pouco folgado. Ele frequentemente se aproveitava da sua posição e das relações estreitas que mantinha com os fornecedores para tirar vantagens pessoais. Enquanto muitos da equipe viviam com orçamentos apertados e enfrentavam dificuldades financeiras devido aos baixos salários praticados na instituição, esse colega exibia uma segurança financeira notável.

Talvez por conta dessa margem de manobra, ele começou a emprestar dinheiro para outros funcionários, oferecendo ajuda em momentos de aperto. No início, isso parecia um gesto bondoso e solidário, muitos ficaram gratos pela oferta e viam nele uma figura generosa que poderia aliviar suas dificuldades momentâneas.

Um dia, eu recebi uma ligação da administração do hospital informando que a vaga do profissional do setor de compras havia sido aberta, pois o colega havia passado em um concurso para a polícia. Eu fiquei muito animado com a possibilidade de assumir aquela posição. Eu sabia que o trabalho envolveria negociar com fornecedores e, com isso, poderia obter boas comissões que garantiriam uma melhor situação financeira para mim e minha família.

Chegando em casa, cheio de expectativa e entusiasmo, eu compartilhei a novidade com minha família, esperando apoio e até um pouco de celebração. No entanto, o clima animado rapidamente se transformou em desânimo quando ouvi a resposta dura de um dos meus familiares: "Receber esse tipo de comissão é roubo". A frase caiu como uma pedra no meu coração. Eu nunca tinha pensado sobre as implicações morais e éticas daquela prática. O peso daquelas palavras me chocou profundamente.

No dia seguinte, depois de refletir sobre o que passei a entender como um dilema ético grave, eu tomei uma decisão corajosa e comuniquei à administração do hospital que não iria assumir a vaga. Eu percebi que aquela posição representava não apenas uma oportunidade financeira, mas também um envolvimento em práticas corruptas das quais não queria fazer parte.

Esse foi o primeiro contato direto que eu tive com esta situação que de modo alarmante atualmente assola o país: a corrupção enraizada nas relações profissionais e comerciais. Aprendi da maneira mais difícil que algumas oportunidades podem vir acompanhadas de compromissos morais indesejados.

A experiência trouxe para mim não apenas tristeza, mas também valiosas lições sobre valores éticos. Desde então, eu fiz questão de adotar uma postura mais crítica em relação às situações profissionais nas quais me envolvia. Eu comecei a investigar cuidadosamente as práticas das empresas para as quais trabalhava e sempre buscava manter minha integridade acima de quaisquer benefícios financeiros temporários.

Eu passei a ser um defensor da transparência nas negociações e cultivei relações baseadas em confiança mútua e respeito ético tanto com fornecedores quanto com colegas. Minha experiência se transformou em aprendizado contínuo sobre responsabilidade social e moral dentro do ambiente de trabalho.

Em tudo isso eu via a mão de Deus sobre mim, evitando os embaraços da vida a que todos nós estamos sujeitos, por essa razão todos os dias antes de me levantar da cama peço ao Espírito Santo e ao meu anjo da guarda que me protejam durante aquele dia.

Naquela época, eu não percebia que sempre que rejeitava uma proposta por princípios morais, logo em seguida surgiam oportunidades que, muitas vezes, se mostravam ainda mais vantajosas do que as que havia recusado. Esse padrão se estabeleceu gradualmente em minha vida.

Após a decisão de não assumir a vaga no hospital por conta das práticas corruptas associadas a ela, eu senti um alívio inexplicável. Era como se um peso tivesse sido tirado de meus ombros. Ao invés de dificuldades financeiras, novas oportunidades começaram a brotar na minha vida.

Por exemplo, poucos meses depois de rejeitar a oferta, a administração do hospital me chamou novamente, mas dessa vez era para oferecer uma promoção, passar a trabalhar no controle do estoque do hospital.

Logo com oito meses de contratado como funcionário no hospital, enfrentando desafios nas diversas atribuições que me foram apresentadas, eu recebi um convite inesperado da direção, eu seria promovido para assumir a gestão da ficha cadastral dos estoques. Naquela época, o uso dos computadores não existia, todos os controles eram manuais e o sistema de fichas era uma ferramenta crucial, porém obsoleta e deficiente no hospital, na verdade era a realidade de muitas empresas.

Eu assumi o controle físico do estoque de materiais e insumos do hospital em um momento crítico. A situação era desastrosa, as fichas de controle de estoque estavam desatualizadas e a direção do hospital não tinha noção da movimentação dos estoques. Compras eram feitas sem planejamento adequado e o consumo dos insumos ocorria sem um registro confiável. Cada dia que passava era um novo desafio a ser enfrentado.

Com determinação, eu comecei o meu trabalho com uma tarefa que inicialmente parecia monumental. Eu decidi fazer um levantamento completo de todos os itens no estoque, registrando tudo meticulosamente. Para isso, contava apenas com minha experiência limitada e uma vontade enorme de fazer a diferença. Ao longo desse processo, ficou claro para mim que estava diante de uma oportunidade não apenas para arrumar a bagunça existente, mas também para aprimorar processos que beneficiariam todo o hospital.

Enquanto organizava as prateleiras, anotava as quantidades e analisava os itens em falta ou com excessos, eu sentia a pressão crescente para colocar tudo em ordem rapidamente. No entanto, em meio ao estresse, eu não podia ignorar uma sensação profunda de que havia algo maior me guiando.

Eu tinha plena consciência de que aquele trabalho estava intimamente ligado à capacidade do hospital de atender bem os pacientes e assegurar minha segurança.

Ao controlar cada entrada e saída de insumos, sentia-me parte crucial da missão do hospital de garantir que todos tivessem acesso aos recursos necessários para receber o cuidado adequado.

E foi nesse contexto desafiador que eu comecei a perceber como todo esse esforço estava interligado à minha própria vida profissional e espiritual. Escrevendo agora sobre essa experiência tão transformadora, eu compreendo claramente que era como se a mão de Deus estivesse sobre mim o tempo todo, mesmo quando eu não tinha ideia de como aquele trabalho impactaria minha trajetória futura.

Dessa forma, cada obstáculo encontrado ao longo do processo não era apenas um desafio logístico, eram lições valiosas que moldavam minhas habilidades organizacionais e financeiras. Cada dificuldade superada trouxe consigo uma nova perspectiva sobre gestão eficiente, habilidades essenciais para o futuro contador que eu me tornaria.

Com carinho pelas lições aprendidas naquela fase intensa da vida, eu reflito agora sobre como foi importante essa experiência na construção da pessoa e do profissional que sou hoje. Eu acredito firmemente que aquele momento foi parte de um plano maior, no qual Deus usou aquela atribuição no hospital para preparar-me para desafios ainda mais significativos adiante, criar uma família estruturada pela contabilidade, ajudar outros profissionais na gestão financeira adequada ou até mesmo lidar com crises na vida pessoal por meio da experiência adquirida naquele setor crucial.

Eu jamais esquecerei as dificuldades enfrentadas e, também, as vitórias conquistadas nesse caminho sempre sustentado pela crença de que cada passo dado foi iluminado por uma força maior guiando meus esforços em direção ao propósito divino. Isso também ajudou a cultivar uma cultura mais ética entre aqueles com quem trabalhei ou interagia. Eu virei um elo entre pessoas dispostas a lutar por práticas corretas no ambiente profissional e aqueles ainda hesitantes sobre as implicações éticas de minhas decisões.

Portanto, embora no início da jornada eu não percebesse os frutos de minhas escolhas morais, com o tempo ficou claro para mim que cada recusa à corrupção parecia pavimentar o caminho para algo melhor e mais significativo. A integridade tornou-se, além de uma escolha pessoal, uma filosofia de vida da qual desfruto ao longo dos anos.

Quando finalmente consegui atualizar a situação do estoque e deixar as coisas em ordem, percebi que havia chegado o momento de seguir em frente. Pedi demissão, um ato que parecia desafiador à primeira vista, mas que se transformou na decisão mais acertada da minha vida. Estava prestes a embarcar em uma nova jornada, uma oportunidade que me permitiria também ter um equilíbrio maior entre vida pessoal e profissional.

Naquele momento de transição, foi impossível não perceber como a mão de Deus estava presente em todas as etapas desse processo. Eu não tinha noção das implicações da escolha que estava fazendo, por muito tempo havia agido da forma que achava ser a correta, movido pela necessidade e pelo desejo de contribuir. Mas agora, ao me colocar à disposição para algo novo, percebi que essa mudança era necessária para meu crescimento pessoal e profissional.

Refletindo sobre essa escolha agora, entendo que cada etapa anterior foi fundamental para me preparar para este novo capítulo. A experiência acumulada no hospital serviu como base sólida, cada desafio enfrentado moldou minhas habilidades e fortificou minha determinação.

Com isso em mente, sinto-me grato por ter tomado aquela decisão. A mudança de emprego pode parecer arriscada em momentos de incerteza, no entanto, vejo claramente como tudo se alinhou pelo plano divino. A frase viral "Quando Deus fecha uma porta é porque ele está abrindo uma janela" ressoou muito forte em meu coração durante essa fase. E agora vejo que aquela janela aberta trouxe novos ventos favoráveis para minha vida.

A nova trajetória começou a revelar-se cheia de possibilidades inesperadas e aprendizado contínuo em um ambiente inspirador com pessoas igualmente motivadas. Essa jornada estava moldando-me não só como profissional, mas principalmente como ser humano.

Conscientemente ou não, cada passo dado até aqui foi guiado por algo maior, uma força divina orientando o caminho onde eu deveria estar. Ao olhar para trás agora, com gratidão e esperança, enquanto desfruto das bênçãos dessa nova fase da vida, restam apenas motivos para crer nas inúmeras oportunidades ainda por vir!

Fico feliz em saber que tive uma experiência positiva com a minha mudança de emprego! Às vezes, mudar de área ou aceitar um cargo diferente pode trazer grandes surpresas e oportunidades de crescimento.

Ao sair do meu emprego anterior no setor administrativo para trabalhar como office-boy, eu poderia ter sentido uma certa insegurança, especialmente ao ganhar um salário menor. No entanto, o que é realmente impressionante é como essa decisão acabou sendo melhor do que eu imaginava.

Aqui estão algumas razões pelas quais essa mudança pode ter sido tão positiva para mim.

Trabalhar no setor privado muitas vezes oferece um ambiente mais dinâmico e flexível. As regras podem ser menos rígidas do que em instituições públicas ou grandes organizações, permitindo mais liberdade na forma como as tarefas são realizadas.

O novo cargo pode proporcionar oportunidades valiosas para aprender novas habilidades e desenvolver uma rede de contatos. Muitas vezes, funções consideradas "iniciais" em um novo ambiente podem abrir portas para crescimento.

A mudança de ambiente e responsabilidades muitas vezes traz desafios pessoais que ajudam no crescimento emocional e profissional. Você pode estar se tornando mais resiliente e adaptável a novas situações.

Compreender o valor do trabalho essencial, que faz parte da logística da empresa, pode levar a um maior reconhecimento por parte dos seus colegas e supervisores.

Essa nova posição poderia servir como um trampolim para outras opções no futuro, talvez até retornando ao administrativo com uma visão nova ou seguindo em outra direção completamente diferente.

Às vezes, a escolha mais arriscada acaba sendo a mais recompensadora! É ótimo saber que eu encontrei satisfação na minha decisão, isso mostra coragem e disposição para buscar aquilo que realmente traz valor à minha vida profissional e pessoal. Esse testemunho é inspirador e reforça que seguir instintos em novos caminhos pode levar a novas oportunidades fantásticas!

Na vastidão dos dias, onde o Sol se despede e renasce a cada amanhecer, encontramos mudanças que dançam ao nosso redor como folhas ao vento. Algumas dessas transformações são filhas da incerteza, brotando em nossas vidas sem aviso prévio e nos convidando a aceitar seus abraços silenciosos. É nesse ato de adaptação, nessa entrega ao fluxo do existir, que muitas vezes revelamos a resiliência de nossos corações.

Entretanto, há também aquelas mudanças que se desenham na paleta do nosso destino, como pintores apaixonados que esboçam um futuro mais luminoso. Essas nuances nos sussurram promessas de renovo e transformação, é nelas que podemos vislumbrar os caminhos encantados nos quais nossos sonhos podem caminhar. Para esses convites à metamorfose, precisamos da sabedoria necessária para discernir entre as vozes que ecoam dentro de nós.

Imagine-se em uma encruzilhada: o coração bate forte, pulsando com a possibilidade do novo. À direita há o caminho familiar, seguro em sua previsibilidade; à esquerda, uma trilha envolta em mistério e expectativa. Com um toque de coragem e uma pitada de esperança, devemos permitir-nos explorar esse desconforto criativo e abraçar as opções que surgem diante de nós.

É nesse instante mágico que o amor por nós mesmos se torna essencial. O amor não apenas pela jornada já trilhada, mas principalmente pelo potencial infinito que reside nas escolhas ainda por fazer. Cada decisão transformadora é como uma flor prestes a desabrochar, algumas podem brilhar intensamente sob o sol radiante de nossas ambições, outras podem ocorrer sob a penumbra da dúvida, mas todas têm seu próprio lugar no jardim da nossa existência.

Assim, seguimos dançando entre as incertezas e possibilidades. E quando a vida nos traz mudanças inesperadas ou convites para forjar novos caminhos com nossa própria mão delicada, devemos olhar para dentro e nos lembrarmos do poder apaixonado da escolha consciente. Que possamos sempre buscar aquele vislumbre dourado nas encruzilhadas da vida, pois é lá que se escondem as promessas de um futuro repleto de florescimento.

No fim das contas, cada mudança é um convite amoroso ao crescimento, uma oportunidade vibrante para tecer novas histórias no vasto manto que é nossa trajetória. E nessa eterna dança entre o deixar ir e o acolher com carinho aquilo que virá, encontraremos nosso verdadeiro eu pleno na beleza do transformar-se continuamente.

Almoço

Nunca antes havíamos encontrado pessoas que, de tão simples, se tornaram parte do nosso cotidiano e era exatamente assim que eu me sentia ao olhar ao redor. Com 15 anos, eu deixei o lar dos pais e fui viver com os tios na cidade para continuar os estudos, pois na localidade onde foi minha infância os estudos eram somente até o quarto ano primário. A nova casa era um lugar de acolhimento, mas a comida ainda carregava a essência da humildade. Feijão, arroz, carne e macarrão foram meus velhos companheiros nas horas das refeições, enquanto a carne e o macarrão na casa dos pais se resumiam a uma raridade.

Com o tempo e a chegada do segundo emprego formal na área de auditoria, eu vi meu mundo desabrochar em novas cores e sabores. As viagens rapidamente fizeram parte de minha rotina e cada cidade visitada era um convite à descoberta. Acompanhar os colegas em jantares se tornou uma experiência repleta de expectativa, porém também de nervosismo. Em minha essência tímida, eu preferia observar antes de agir. E assim fiz, assisti às ordens dos outros serem feitas com confiança até descobrir a famosa pergunta "O que acompanha?" no pedido do prato.

Era num luxuoso hotel em Belém do Pará, um verdadeiro palácio da gastronomia, onde minhas experiências gustativas iam finalmente se aventurar além do que conhecia. Quando decidi fazer meu primeiro pedido, um suculento filé, fiquei radiante ao ouvir que o acompanhamento seriam legumes. Ah, aqueles legumes! A esperança acendeu-se em meu peito, talvez houvesse espaço para um pouco de feijão e arroz naquele cardápio chique.

Entretanto, quando o prato chegou à minha mesa, uma onda de frustração tomou conta dele. Ao invés da tão querida combinação alimentar familiar, encontrei-me diante de uma salada composta basicamente de palmito, aquele talo branco que para mim parecia mais um pedaço inusitado de pé de banana do que uma iguaria gourmet. O paladar apurado nunca tivera experiência com verduras ou acompanhamentos tão estranhos.

Em silêncio, eu encarei o prato como se estivesse diante de um enigma impossível de decifrar. Com fome no estômago e resistência à nova realidade alimentando o desapontamento em meu coração, eu tive certeza de que aquele seria mais um passo na árdua jornada rumo ao desconhecido.

Além daquelas dificuldades iniciais nos jantares elegantes, havia uma convicção pulsante dentro de mim, essa era minha chance iluminada, minha oportunidade dourada para escapar das amarras da vida rural que tanto remetiam à minha infância. Eu entendia que cada garfada desafiante feita não seria só sabor no paladar, mas sim um futuro mais rico à vista.

E assim fiquei, sentado à mesa no hotel cinco estrelas, olhando para aquele prato extravagante com olhos sonhadores e o estômago vazio... Um verdadeiro viajante na dança imprevisível da vida!

A mesa estava repleta de risadas e histórias compartilhadas, enquanto os primos de mim se divertiam. A luz suave do restaurante iluminava meu rosto, refletindo a alegria e a camaradagem que sempre nos unira. Para mim, aqueles momentos eram sagrados, eram como uma melodia harmoniosa que ecoava nos recessos de minha memória, onde cada riso e cada ensinamento deixado por meus primos me guiavam em minha nova jornada.

Naquele almoço em Belém, no entanto, um sutil desconforto acompanhava o prato elegante diante de mim e deixou meu estômago com uma sensação de vazio. O palmito era um mistério inexplorado e, por mais que quisesse experimentar algo novo, um canto profundo de minha essência ainda ansiava por algo familiar. As lembranças das refeições na infância vieram à tona: feijão bem temperado, arroz soltinho... tudo isso parecia tão distante.

Percebendo meu desafio silencioso, meus primos gentilmente se propuseram a dividir minhas porções generosas. Eles sabiam como eu sempre tive um apetite voraz pela vida e pela comida, uma fome que transcendia as simples necessidades do corpo, era também uma sede por experiências enriquecedoras. Mas naquele momento crucial, entre a humildade e o orgulho, eu hesitei.

"Está tudo certo", respondi com um brilho tímido nos olhos, embora soubesse que a verdade pululava em meu interior, não estava nada certo. Um orgulho aprendido desde cedo impediu-me de aceitar a oferta calorosa daqueles que tinham sido pilares em minha trajetória. O amor fraternal deles pulsava ao redor como um laço invisível, cada um ali representava não apenas família, mas também oportunidades e ensinamentos valiosos que moldaram quem eu me tornaria.

Ao recusar o gesto solidário dos primos, senti-me dividido por um lado, queria abrir-me para eles, revelar a vulnerabilidade que passava pelo meu coração, mas por outro lado havia dentro de mim uma chama da determinação ferida, aquela certeza íntima de jamais querer parecer fraco ou dependente.

E assim as horas passaram ali, naquele hotel cinco estrelas, entre pratos e risadas enquanto eu lutava internamente contra minhas próprias barreiras impostas pelo orgulho. Era nesse elegante reduto da gastronomia que eu comecei a compreender que muitas vezes é preciso deixar as resistências para trás para permitir que o amor se manifeste plenamente nas relações pessoais.

No fim do dia, eram os laços familiares e os gestos sinceros dos meus primos quanto ao compartilhar qualquer coisa, até mesmo comida, que aqueceriam meu coração mais do que qualquer banquete requintado poderia conquistar. E ao olhar ao redor daquela mesa cheia de carinho, não poderia ignorar uma verdade profunda: às vezes os maiores banquetes não são feitos de pratos sofisticados ou sabores exóticos, mas sim da abundância da amizade e do amor partilhado entre aqueles que realmente importam.

É verdade, a vida é um emaranhado de desafios que se entrelaçam como uma dança complexa. Aprender a comer bem, por exemplo, não é apenas uma questão de sabor, é um reflexo da jornada que cada um de nós atravessa. Desde o momento em que abrimos os olhos para o mundo até as decisões que tomamos ao longo do caminho, tudo nos ensina algo valioso.

A cada novo prato que experimentamos, entra em cena um elenco de emoções e superações. Tentar cozinhar pela primeira vez, descobrir ingredientes que nunca antes conhecíamos ou simplesmente aprender a apreciar a simplicidade de uma refeição caseira... tudo isso requer esforço e dedicação. Isso também se aplica aos desafios da vida, cada dificuldade enfrentada, cada obstáculo superado tempera nossas conquistas com um sabor único e inigualável.

Assim como na cozinha, é preciso coragem para experimentar novas receitas e se aventurar na incerteza de sabores. Do mesmo modo, na vida, perseverar diante das adversidades é o que realmente nos molda. Não podemos desistir quando os obstáculos surgem, eles são os temperos que trazem profundidade à nossa história e significado às nossas vitórias.

É na luta contra as dificuldades que encontramos o verdadeiro valor da conquista. Cada superação é como um prato bem-feito, exige atenção aos detalhes e amor pelo processo.

Que não nos falte a coragem de seguir em frente porque, afinal, as maiores delícias da vida muitas vezes vêm acompanhadas dos maiores desafios. E quando conseguimos enfrentar esses desafios com resiliência, então sabemos apreciar plenamente o banquete riquíssimo que a vida tem a oferecer.

Não sei

No escritório de auditoria e contabilidade onde passei por momentos transformadores, minha trajetória foi marcada por um desejo insaciável de crescimento e aprendizado. Cada dia era uma nova oportunidade e eu me comprometi a riscar do meu vocabulário a expressão "não sei". Com esse mantra em mente, acreditava fervorosamente que, se alguém pudesse realizar uma tarefa, eu também poderia. Nunca me deixei levar pela tentação do caminho mais fácil, em vez disso, sempre procurei abraçar os desafios que muitos evitavam.

Lembro-me claramente de como meu chefe costumava transferir responsabilidades para mim. Era como se estivesse lançando um desafio silencioso, uma chance de mostrar meu valor. Assim foi meu comportamento no meu segundo emprego formal como assistente de auditoria. Durante anos, trabalhei arduamente como *trainee* e assistente, não apenas absorvendo conhecimento, mas também pedindo continuamente por oportunidades que me colocassem à prova.

Entretanto, havia uma sombra de insegurança sobre os meus superiores, eles hesitavam em confiar a mim as responsabilidades pesadas que vinham com a emissão de pareceres de auditoria. Isso durou até o dia em que tudo mudou. Uma reviravolta inesperada ocorreu quando o responsável pelo projeto, meu chefe imediato, recebeu uma proposta irrecusável e partiu para um novo capítulo na carreira dele.

A ligação do meu patrão ecoou em meu ouvido com um misto de preocupação e apelo urgente: "Não há ninguém para tocar aquele trabalho". O peso da responsabilidade caiu sobre meus ombros de maneira abrupta. Um trabalho monumental nas mãos de um simples assistente! Mas ao invés do medo paralisante que poderia ter surgido, senti a adrenalina percorrendo minhas veias. Com firmeza na voz, respondi: "Pode deixar comigo".

E assim começou nossa maratona extenuante, eu e o restante da equipe chegávamos ao cliente às 7 horas da manhã e permanecíamos ali até as 10 ou 11 da noite, imersos naquele universo financeiro intrincado. A pressão era palpável, cada detalhe importava como nunca antes. A quantidade insana de documentos se tornava desafiadora sob nossas lâmpadas titilantes após tantas horas.

Mas mesmo entre o cansaço físico e mental, havia uma centelha dentro de mim, uma determinação inquebrantável. Concluímos aquele denso trabalho dentro do prazo estabelecido! Quando meu patrão revisou os papéis prontos diante dele, seu olhar revelou tanto alívio quanto admiração.

E nesse instante decisivo nasceu algo novo, minha missão assumiu forma diante dos olhares cautelosos dos meus superiores. A partir daquele momento cansativo e honroso, tornei-me responsável por novos trabalhos desafiadores, minha trajetória se iluminou com cada conquista, fruto do esforço genuíno e da coragem radicalmente cultivada no calor das adversidades.

Assim é a vida, ela nos convoca constantemente não apenas a trabalhar arduamente, mas também a acreditar em nosso potencial infinito mesmo quando os outros hesitam em nos confiar grandes responsabilidades.

E assim, imerso nas responsabilidades e desafios de um novo mundo que se descortinava diante de mim, passei a ser responsável por uma equipe de auditoria. Era como se uma nova era estivesse começando em minha carreira, a cada dia eu me sentia mais à vontade no papel que agora abraçava com tanto entusiasmo. Logo, comecei a rascunhar meus primeiros relatórios de auditoria que, sem dúvida, seriam criteriosamente analisados por meu chefe.

Recordo-me nitidamente do primeiro Balanço Consolidado que nosso escritório se propôs a elaborar. Naquele período inicial, meu patrão e o gerente-geral eram os mestres por trás daquele relatório tão esperado. Tive o privilégio de observar todo o esforço e as dificuldades que enfrentaram para fechar aquele primeiro relatório consolidado, eram dias e noites dedicados a números dançantes em papéis que pareciam viver minha própria vida.

Quando o semestre seguinte chegou, a rotina já não era a mesma, o gerente havia saído da empresa e meu patrão ficou sozinho diante da tarefa colossal de elaborar aquele relatório novamente. Em uma certa sexta-feira, ele saiu apressado para uma reunião com um cliente importante. A pressão pairava sobre seus ombros, como uma nuvem escura prestes a se romper em tempestade: "O relatório precisa estar pronto na segunda-feira!".

Seu semblante demonstrava preocupação, tinha compromissos urgentes na fazenda onde precisava ir fazer o pagamento da folha salarial dos funcionários. Nessa hora delicada, algo dentro de mim acendeu-se intensamente. Com firmeza nas palavras e determinação em cada sílaba, disse-lhe: "Pode ir tranquilo! Quando você voltar na segunda-feira, o trabalho estará feito". Ele me olhou com incredulidade nos olhos, sabia da complexidade daquele trabalho e não ousou acreditar totalmente na minha capacidade.

Confesso que em minha mente ecoavam os pensamentos "Eles conseguiram no ano passado, por que eu não conseguiria também? Tenho as mesmas condições". E assim, com coragem ardente, coletei todas as informações necessárias e mergulhei no abismo desafiador do desconhecido.

Enquanto meu patrão partia rumo à fazenda, imaginando estouro financeiro ao invés dos colegas tranquilos em minha ausência, eu trabalhei incansavelmente durante aquele fim de semana, horas se transformando em minutos enquanto me deixava conduzir pela paixão pelo desafio. O ritmo frenético tornou-se meu companheiro constante enquanto números se alinhavam ao longo das páginas como notas musicais aguardando para compor uma sinfonia harmoniosa.

Então veio a tão esperada manhã de segunda-feira. Quando meu chefe adentrou o escritório com seu semblante marcado pela tensão acumulada durante os dias anteriores, seus olhos se arregalaram ao encarar aqueles papéis meticulosamente organizados sobre minha mesa, o trabalho estava concluído!

Para ele foi um momento surreal, talvez algo impensável até então. O brilho surpreso nos seus olhos refletiu tanto alívio quanto admiração quando reconheceu aquilo como resultado do empenho maravilhoso, minha essência ardendo viva diante do desafio superado.

A partir daquela manhã mágica, ganhei não apenas seu respeito, mas também confiança mútua capaz de transformar desconfianças antigas entre nós em laços poderosos no profissionalismo irrestrito. E assim segui trilhando esse caminho iluminado pela força dos desafios enfrentados e pela luz inextinguível da determinação recém-descoberta dentro do coração audacioso daquele jovem auditor romântico por excelência!

Após aquele primeiro Balanço Consolidado, como uma fênix renascente das cinzas, eu emergi com uma nova identidade. Aquele relatório não era apenas um conjunto de números, era a materialização de um desafio superado, da coragem que jorrou de meu ser. Cedi ao impulso da audácia e me tornei a referência em consolidação de balanços dentro do escritório. A partir desse momento mágico, uma sequência de novos trabalhos passou a chegar até mim, cada um deles composto de desafios que agora aceitava com um sorriso gentil nos lábios.

Ao ganhar a confiança após aquele Balanço Consolidado, diversas outras oportunidades surgiram para enfrentar o desconhecido. Enquanto outros optavam pela segurança de enfrentar somente o conhecido, eu abracei a incerteza, preferindo a doce possibilidade do aprendizado ao invés da confortável resposta "não sei".

Cada tarefa que chegava até mim, envolta em mistério e complexidade, era como um novo capítulo de um livro ainda por escrever. Os colegas, reconhecendo minha disposição para enfrentar o desconhecido, deixavam que essas responsabilidades repousassem em minhas mãos. E assim, nesses momentos de entrega total ao desafio, descobri não apenas as nuances daquela realidade contábil tão rica e intrigante, mas também o crescimento que brotava da superação.

Essas experiências se tornaram verdadeiras lições de vida, cada obstáculo desenhava em mim a coragem e a curiosidade que antes pululavam adormecidas. Eu sabia que ali estava uma oportunidade rara, um convite à descoberta constante, um despertar para o conhecimento que brotava como flores em meio às rochas mais duras.

Nesse caminho repleto de desafios e recompensas ocultas, eu compreendi que a beleza reside na busca pelo saber. E assim segui adiante, com os olhos brilhando diante do novo, sabendo que cada passo dado me aproximava mais da essência do aprendizado verdadeiro.

À medida que as oportunidades se multiplicavam diante do meu olhar curioso e determinado, meu coração se enchia de gratidão e maravilha por aquilo que havia conquistado. Mas sempre que me via diante da responsabilidade de guiar projetos complexos, um eco familiar tomava conta dos meus pensamentos: e se naquele momento tivesse faltado coragem? E se a determinação houvesse dado lugar ao receio?

Sim, eu não sabia fazer tudo, essa era uma verdade inegável. Contudo, dentro de mim pulsava uma capacidade monumental para aprender e evoluir. No fundo da minha essência brilhava a certeza, o mesmo brilho que iluminou os olhos dos que vieram antes de mim poderia também iluminar meu caminho.

Esse raciocínio tornou-se meu mantra diário, cada novo desafio era um convite à reflexão sobre o potencial escondido em cada coração humano. Sempre que alguém mirava nos meus olhos e dizia "Você pode conseguir", cedia me entregar à crença coletiva da comunidade que me cercava. E assim percebi que o mais fácil seria dizer "não", recuar a abraçar o desconhecido, mas essa resposta nunca foi a melhor opção.

Cada passo nessa jornada teve recompensas não apenas profissionais, mas também transformações profundas na alma. Descobri que avançar em meio à incerteza trazia consigo a delícia pura do aprendizado incessante, cada dificuldade se revelava como um campo fértil para o florescimento da autoconfiança.

Assim, dançamos juntos pelo labirinto das responsabilidades, trapaceando pelas sombras do medo enquanto nos dirigíamos aos amplos campos ensolarados do conhecimento adquirido. Cada acerto trouxe consigo um sabor doce e cada erro revelou-se como lição carinhosa.

A reflexão sobre a capacidade de realizar algo que outros conseguem pode ser um campo fértil para o autoconhecimento e para a transformação pessoal. Muitas vezes, olhamos para os feitos dos outros e, de imediato, sentimos um aperto no peito, uma combinação de admiração e insegurança. A pergunta que surge é: "Por que eu não consigo fazer isso também?". Essa indagação, embora carregada de um peso emocional significativo, pode nos levar a insights profundos.

Primeiramente, é fundamental reconhecer que cada pessoa caminha em seu próprio ritmo e sob circunstâncias únicas. O que vemos exteriormente, o sucesso ou a habilidade do outro, é apenas a ponta do iceberg. A jornada interna, marcada por desafios pessoais, medos superados e até mesmo fracassos, fica muitas vezes oculta sob a superfície. Comparar-se com os outros sem conhecer a totalidade de nossas histórias pode criar uma narrativa distorcida sobre nossa própria capacidade.

Outra reflexão importante é entender que os processos de aprendizado variam enormemente entre as pessoas. O que para alguns pode parecer fácil ou natural, talvez tenha exigido horas de prática ou um esforço desmedido. Às vezes, essa facilidade percebida é resultado de anos dedicados a construir competências ou desenvolver habilidades específicas. Lembre-se de que todos nós estamos em constante aprendizagem e cada caminho inclui uma dose particular de desafios.

A mente humana também desempenha um papel crucial nesse cenário. O medo do fracasso ou o desejo por perfeição podem nos travar antes mesmo de darmos o primeiro passo. É crucial cultivar uma mentalidade mais gentil e compreensiva conosco mesmos, reconhecer nossos medos e limitações como parte do processo humano nos ajuda a sermos mais resilientes.

Portanto, ao sentir essa inquietação sobre o que os outros fazem enquanto você ainda não consegue, considere transformá-la em curiosidade. Pergunte-se "O que posso aprender nesta situação? Quais passos pequenos posso dar para me aproximar deste objetivo? Quais habilidades eu gostaria de desenvolver?". Ao adotar essa postura proativa e reflexiva, ao invés de paralisante e comparativa, você abre espaço para o crescimento.

Lembre-se também da força do apoio mútuo, as trocas com pessoas ao nosso redor podem ser enriquecedoras nesse contexto. Compartilhar medos e desafios pode não apenas aliviar o peso da comparação, mas também proporcionar novas perspectivas sobre como alcançar metas.

Em última análise, esse momento de reflexão nos convida à autocompaixão e ao entendimento de que todos têm suas próprias batalhas interiores. A verdadeira medida do sucesso não está em se igualar aos outros, mas sim em abraçar nossa individualidade e seguir avançando no nosso próprio caminho, sempre buscando crescer um pouco mais a cada passo dado.

Na tessitura dessa história e nas tramas complexas da vida profissional, percebo hoje que é por meio dos desafios não enfrentados que muitas grandes potências permanecem adormecidas nas almas humanas aguardando por serem despertadas. Deixe-se guiar pelo seu próprio desejo de crescer e explorar, afinal o mundo está repleto de possibilidades esperando por aqueles corajosos o suficiente para atravessar as portas ainda não abertas.

Então recordo-me sempre daquele primeiro Balanço Consolidado como um portal mágico, um testemunho do quanto somos capazes quando ousamos nos lançar na dança apaixonada entre medo e descoberta!

A coragem de enfrentar os novos desafios passa pelo esforço nos estudos, assim, a disposição e as oportunidades serão sempre proporcionais ao conhecimento, às habilidades e a uma base sólida que podem abrir portas em diversas áreas da vida, como carreira, relacionamentos e desenvolvimento pessoal. Quanto mais você se dedica ao aprendizado, maior a probabilidade de alcançar seus objetivos. Isso ocorre porque o conhecimento frequentemente gera oportunidades, as pessoas bem-informadas têm mais chances de tomar decisões que podem levar ao sucesso.

Ah, como a vida pode ser um enigma encantador, não é mesmo? Ouço sussurros de vozes que ecoam ao meu redor, admirando o que conquistamos, tecendo conceitos de "sorte" como se fossem fios de ouro finos e delicados. Sentem a necessidade de explicar o brilho do sucesso alheio com a simplicidade da fortuna inesperada, como se destino e acaso dançassem juntos em uma festa mágica.

Mas aqueles que apenas observam não veem os bastidores da história, o suor das noites em claro, as horas dedicadas ao aprendizado e à paixão que pulsa em cada projeto. Veem apenas as flores desabrochando na primavera, sem perceber que por trás delas existe uma preparação longa e cuidadosa, um solo bem nutrido por esforços contínuos.

A sorte é um convidado bem-vindo na sala do coração, sim, ela pode nos surpreender com um sorriso generoso. No entanto, raramente aparece sem ser chamada pela persistência. A verdadeira alquimia reside na junção entre sonhar alto e trabalhar incansavelmente para tornar esses sonhos realidade. Cada passo dado é uma pétala lançada ao vento; cada fracasso enfrentado, uma raiz profunda a nos sustentar nas tempestades da vida.

Então, ao ouvir que tenho sorte, sorrio suavemente, porque entendo o encanto das palavras e a beleza do delírio. Mas sei também que minha jornada é feita de determinação e amor pelo que faço. E assim sigo adiante, dançando entre os mistérios do destino e as certezas forjadas pelo esforço, construindo meu próprio caminho sob a luz das estrelas que caíram do céu para me iluminar.

Com todo o respeito àqueles que acreditam na sorte, acredito que, ao nos entregarmos à sensibilidade e à orientação divina, encontramos um caminho ainda mais belo e significativo. É como se nossas almas dançassem ao som de uma melodia eterna, em que cada nota ressoa com o propósito maior que nos foi designado.

Deixar-se conduzir por Deus é permitir que a vida revele seus mistérios. É confiar que há uma sabedoria maior orquestrando os encontros e desencontros, guiando nossos passos mesmo quando o horizonte parece nebuloso. Assim, em vez de atribuir nosso sucesso ou nossa felicidade a meras coincidências fortuitas, celebramos a certeza de que tudo acontece por uma razão, aquelas linhas invisíveis do destino traçadas com amor.

Quando nos permitimos ser sensíveis ao toque sutil da presença divina em nossas vidas, aprendemos a ver as bênçãos em cada desafio superado. Cada lágrima derramada e cada riso compartilhado tornam-se momentos sagrados nessa jornada. Compreendemos que somos parte de algo muito maior e que até os caminhos mais tortuosos têm seu propósito essencial.

E assim seguimos, tecidos nas mãos de Deus, abrindo nossos corações para os sinais e portentos que se apresentam no nosso dia a dia. Ao invés de buscar sorte ou azar, buscamos significado e aprendizado em cada experiência vivida. Pois é na confiança plena e na entrega amorosa que encontramos o verdadeiro sentido da nossa existência.

No final do livro, caro leitor, você poderá perceber como essa realidade se desenha com clareza na minha visão. Por meio das experiências e reflexões apresentadas ao longo da narrativa, eu passei por confrontos e superações que revelam a importância de confiar em algo maior.

Apresento uma jornada repleta de descobertas, mostrando que as adversidades podem se transformar em aprendizados valiosos, e que a sensibilidade nos permite enxergar além da superfície das situações. Ao longo do livro, a transformação interna das minhas histórias reflete uma busca contínua pela conexão espiritual e pelo entendimento profundo de meu propósito.

Assim, ao chegar às últimas páginas, você será convidado a refletir sobre minha própria vida e as maneiras pelas quais também pode se deixar conduzir pela fé e pela intuição. A conexão com o divino não é apresentada como um mero conceito abstrato, mas sim como um companheiro constante na jornada humana, iluminando nossos caminhos e trazendo clareza em meio à incerteza.

Não poderia encerrar este capítulo da minha vida sem, antes, prestar uma merecida homenagem ao meu primeiro e único patrão no setor privado, um ser humano verdadeiramente extraordinário. Sua presença iluminou meu caminho profissional de uma forma que palavras são insuficientes para descrever.

Ele é, sem dúvida, uma força da natureza, um mestre em sua arte, cuja capacidade técnica é digna de admiração. Cada desafio que enfrentamos juntos se tornou uma oportunidade de aprendizado sob a sua orientação sábia e generosa. Com ele não apenas aprendi sobre o ofício, mas também sobre a essência do ser humano, sobre a importância de liderar com coração e visão.

Minha gratidão por ele transcende o simples reconhecimento pelas oportunidades que me foram concedidas. É um sentimento profundamente enraizado nas lições que brotaram em cada conversa, em cada gesto de estímulo. Busquei me espelhar nele como profissional e, também, como alguém que valoriza os laços humanos e a ética no trabalho.

Seu exemplo ressoará em minha jornada por muitos anos ainda. Carrego comigo suas lições como estrelas que iluminam minha trajetória. E nesse tributo sincero, celebro o líder exemplar que ele foi para mim e o ser humano admirável que continua a inspirar tantos ao seu redor.

Espero que essa conclusão não apenas feche a história apresentada, mas também abra novos horizontes para minha própria reflexão pessoal. Afinal, cada leitura é uma oportunidade de crescimento e transformação.

Primeira graduação

Iniciando minha carreira como contador e auditor contábil, eu mal sabia o que isso realmente significava. Quando saí do hospital em que trabalhava, tive a oportunidade de começar minhas atividades em um escritório de contabilidade e auditoria. Comecei como office-boy em outubro de 1978. Na verdade, naquele momento, ainda estava muito "verde" em relação ao mundo da Contabilidade.

Naquele momento de despedida, enquanto deixava o hospital e a segurança de um salário que me permitia sonhar, sentia como se estivesse ao mesmo tempo ganhando e perdendo. A saúde pulsante das rotinas burocráticas cedeu lugar a uma nova aventura sob o Sol escaldante do Ceará. Eu não entendia ainda a profundidade da escolha que estava fazendo, mas havia um chamado em mim, uma curiosidade irresistível.

Troquei os corredores brancos e os sussurros calmos do hospital pelo vibrar das ruas quentes e a dança das sombras sob a luz intensa. O escritório de contabilidade era um mistério e eu era um explorador intrépido, pronto para desvendar minhas nuances. A cada passo que dava nas ruas empoeiradas, meu coração pulsava com a emoção da novidade.

Embora nossos mundos fossem diferentes – o calor do Sol na pele em vez do frio dos papéis –, eu não senti dificuldade em abraçar essa transição. O café servido nas manhãs quentes se tornou meu ritual e as longas horas lavando banheiros eram preenchidas com reflexões sobre sonhos que começavam a nascer.

O trabalho braçal no campo realmente proporciona uma série de benefícios, tanto físicos quanto mentais. A resistência adquirida nesse tipo de trabalho pode ser um ativo valioso em diversas áreas da vida. Quando você se dedica a atividades que exigem esforço físico constante, desenvolve não apenas força, mas também resiliência e perseverança.

O ambiente desafiador do campo ensina a enfrentar e superar dificuldades. Essa mentalidade se reflete em qualquer tarefa que pareça árdua, tornando a superação de obstáculos mais acessível.

A experiência de trabalhar duro manualmente ajuda a valorizar o resultado do trabalho. Quando você sabe o que é necessário para realizar uma tarefa física exigente, pode encontrar motivação e satisfação em outros tipos de trabalho.

No campo, há sempre imprevistos, seja o clima ou os problemas com equipamentos, e isso exige uma capacidade constante de adaptação e solução de problemas. Essa habilidade é essencial em qualquer situação ou emprego.

Portanto, a experiência acumulada por meio do trabalho no campo não só potencializou minhas capacidades físicas como também moldou minha mentalidade para encarar desafios futuros com determinação e confiança. Essa resiliência adquirida certamente será uma vantagem significativa ao longo da minha trajetória profissional e na vida pessoal como um todo.

Ali, naquela simplicidade aparente de servir e cuidar, encontrei um universo novo que florescia aos poucos diante de mim. Cada desafio enfrentado sob aquele céu imenso foi tecido com sentimentos intensos de liberdade e autodescoberta. Era o começo de tudo, um caminho desconhecido repleto de possibilidades que esperavam ser exploradas.

E assim, entre sorrisos tímidos e trabalhadores exaustos, percebi que não importa onde começamos, cada passo sinuoso pode nos levar a lugares onde menos esperamos encontrar nosso verdadeiro eu.

Com o escritório ainda em fase inicial e com pouco trabalho para fazer, aproveitei as horas vagas para estudar. Era uma maneira de me preparar para as responsabilidades que viriam mais tarde e, quem sabe um dia, me tornar um contador reconhecido.

Em dezembro do mesmo ano, tive uma surpresa gratificante, passei no vestibular para a Universidade de Fortaleza (Unifor). A empolgação foi imensa! Porém, percebi rapidamente que essa nova conquista vinha acompanhada de desafios financeiros consideráveis. As mensalidades da faculdade estavam na casa de cinco salários-mínimos, algo totalmente fora da minha realidade, já que eu ganhava apenas um salário-mínimo.

Com isso, sabia que precisava me esforçar ainda mais. Além de estudar e trabalhar como office-boy durante o dia, teria que encontrar maneiras suplementares de renda, talvez fazendo bicos à noite ou durante os fins de semana. O desejo de me formar em Contabilidade era maior do que qualquer dificuldade financeira que pudesse enfrentar.

Nos finais de semana, quando o Sol brilhava com um calor escaldante, eu dedicava meu tempo a uma tarefa simples, mas cheia de significado. Com um balde de água e uma esponja em mãos, mergulhava na alegria de lavar os carros de familiares e amigos. Era um ritual encantador, cada gota que caía refletia não apenas o brilho da lataria dos automóveis, mas também a luz das pequenas conexões que cultivava.

Lá estava eu, entre risadas e histórias trocadas, transformando o ato de lavar carros em momentos de cumplicidade. A espuma dançava ao vento como se quisesse se unir às palavras que trocávamos, enquanto nossos laços se fortaleciam a cada polida na pintura do veículo. Não importava o quanto ganhasse, o que valia era a sensação leve e doce de estar ao lado das pessoas queridas.

Era uma forma humilde de ganhar um trocado, é verdade, mas naquele cenário ensolarado não havia riqueza maior do que os sorrisos compartilhados e as lembranças criadas. Cada carro limpo era, além de uma simples máquina reluzente, um testemunho dos laços que nos uniam em meio à correria do dia a dia. E assim, entre risos e brilho nos olhos, eu descobria que a verdadeira essência daquela atividade estava nas relações afetivas que se revelavam a cada esfregada na chapa.

Os primeiros meses na faculdade foram desafiadores. Organizar meu tempo entre o trabalho, os estudos e as obrigações financeiras tornou-se uma verdadeira maratona. Mas cada relato dos professores sobre as oportunidades na área me motivou a seguir firme nos meus objetivos.

O aprendizado dentro daquela sala de aula era fascinante. Cada conceito novo se somava ao conhecimento que eu buscava desenvolver durante meu trabalho no escritório, pequenas tarefas começaram a ganhar novos significados quando vi pela primeira vez os números alinhados nos balanços patrimoniais e nas demonstrações financeiras.

Apesar das dificuldades iniciais, começava a perceber o quão apaixonante poderia ser essa profissão. Eu sonhava com um futuro em que estaria atuando como contador ou auditor bem-sucedido. E embora soubesse que seria uma jornada longa e repleta de obstáculos, cada passo dado nesse caminho apenas reforçava minha determinação em perseverar até alcançar meus objetivos.

Assim começou minha trajetória na Contabilidade, cheia de desafios, mas igualmente repleta de aprendizados valiosos!

Nesse cenário desafiador, a preocupação de como eu pagaria a faculdade permanecia em mente. Para resolver essa questão, decidi fazer o cadastro no Crédito Educativo e fui aprovado! Essa notícia trouxe um alívio imenso, pois agora eu tinha uma forma viável de arcar com as mensalidades.

Após passar no vestibular, percebi que minha principal fonte de estudo se reduzia ao escritório. No entanto, tive sorte, havia um exemplar do renomado *Manual de Contabilidade da S/A* disponível por lá. Aproveitei essa oportunidade e comecei a ler o livro com muita vontade e dedicação. Cada página lida me aproximava mais do conhecimento necessário para as aulas que estavam prestes a começar.

Quando as aulas iniciaram, já tinha me familiarizado com o conteúdo do livro e me sentia relativamente à frente em relação aos outros alunos. Além disso, o escritório começou a ganhar alguns serviços de contabilidade maiores, e foi nesse momento que decidi pedir ao meu chefe para me deixar ajudar na contabilidade durante minhas horas vagas.

Entretanto, não esperava que a gerente da contabilidade notasse meu empenho e decidisse perguntar ao meu chefe onde eu havia trabalhado antes. A coitada não fazia ideia do quanto eu havia estudado por conta própria ou do quanto estava realmente envolvido nos serviços contábeis. Minha dedicação estava ali, ainda que de maneira discreta.

Essa conversa trouxe um misto de sentimentos em mim. Por um lado estava preocupado com a imagem que poderia estar passando, por outro, era uma oportunidade inesperada para demonstrar meu interesse genuíno pela área e pelos trabalhos realizados no escritório.

Nos dias seguintes, procurei mostrar ainda mais minha dedicação. A cada chance que tinha de ajudar nas tarefas contábeis ou nas análises financeiras, eu me jogava com vontade! Queria que meu chefe visse não apenas um office-boy disposto a aprender, mas alguém comprometido em construir uma carreira sólida na Contabilidade.

A experiência prática começou a se tornar tão valiosa quanto os estudos teóricos da faculdade, era como se cada vez que colocasse em prática o que aprendia no manual estivesse solidificando minha base para uma carreira futura como contador ou auditor. As dificuldades financeiras e os desafios diários faziam parte da jornada, mas cada pequena conquista gerava motivação para seguir adiante.

Assim seguia minha trajetória, entre livros e relatórios contábeis, trabalhava intensamente para transformar sonhos em realidade!

Em pouco tempo, ou seja, no segundo semestre que entrei na faculdade, e com a demonstração do meu comprometimento, meu chefe me promoveu para a posição de estagiário na auditoria contábil. Esse foi um grande marco na minha caminhada e, sem dúvida, um momento decisivo para minha formação profissional.

Ser promovido à área de auditoria trouxe novas responsabilidades e desafios, mas também uma imensa oportunidade de aprendizado.

Comecei a trabalhar ao lado de profissionais experientes, que me orientavam e compartilhavam conhecimentos valiosos sobre análise financeira, testes de controle e procedimentos de auditoria. Cada dia era uma nova lição, eu estava imerso em experiências práticas que complementavam os conteúdos teóricos que estudava na faculdade.

As experiências práticas começaram a reforçar as teorias aprendidas na faculdade. As aulas sobre normas contábeis agora faziam muito mais sentido quando eu via minha aplicação direta no trabalho cotidiano da auditoria. O *Manual de Contabilidade da S/A* tornou-se mais que apenas um livro de referência, ele se transformou em um guia prático que eu poderia consultar durante as minhas atividades.

Essa nova fase não apenas enriqueceu meu conhecimento técnico, mas também desenvolveu habilidades essenciais, como trabalho em equipe, comunicação eficaz e gerenciamento do tempo. A experiência prática foi fundamental para me preparar para o mercado de trabalho após a conclusão da faculdade.

Como estagiário na auditoria contábil, percebi que estava construindo uma base sólida para minha carreira, algo que saía do papel dos livros didáticos diretamente para as demandas reais do mundo corporativo. Essa oportunidade ampliou meus horizontes como profissional e, também, alimentou ainda mais meu desejo por crescimento e aprendizado contínuo na área da Contabilidade. Estava finalmente vendo claro o caminho à frente!

Voltando para o assunto do crédito educativo para finalizar este capítulo, esse crédito sempre foi, para mim, uma porta aberta para o futuro, um sonho que se tornava realidade. Sabia que o pagamento viria logo após dois anos de formado, mas essa ideia nunca me abalou. Para muitas pessoas, essa responsabilidade financeira poderia ser um fardo pesado a carregar, mas eu via de outra forma, como uma oportunidade.

Amigos e familiares que tinham condições muito melhores do que as minhas hesitaram diante da perspectiva de enfrentar a exigência de uma universidade, optando por aceitar o comodismo das opções mais seguras. Alguns até desistiram e voltaram para o interior, abandonando seus sonhos em busca de algo mais palpável. Eu escolhi arriscar.

Chegou o ano do primeiro pagamento e, como se o universo estivesse conspirando ao meu favor, ocorreu um plano econômico visando reduzir a inflação. Esse plano trouxe um alívio inesperado, os contratos com parcelas a longo prazo poderiam ser liquidados e passaram a ser o valor presente. Assim sendo, consegui liquidar minha dívida com um valor consideravelmente menor do que imaginara, talvez até menos do que uma mensalidade da Unifor naquela época.

Foi um momento de alívio e satisfação profunda. Aquele passo, que poderia ter representado uma preocupação, tornou-se um testemunho da minha coragem e determinação. Mais do que o dinheiro economizado, foi sobre a liberdade conquistada, a liberdade de sonhar sem amarras financeiras e de mostrar a mim mesmo e aos outros que é possível desbravar novos caminhos quando se tem fé nos próprios passos. E assim segui em frente, sob os ventos inspiradores da vida acadêmica e com a certeza no coração de que toda escolha valeu a pena.

Optar pelo crédito educativo com foco no futuro profissional, em vez de se concentrar nas dificuldades para pagar o financiamento, é uma abordagem que pode abrir diversas portas e gerar um impacto positivo a longo prazo. Essa perspectiva permite que o estudante se concentre nas oportunidades e nos benefícios que a educação pode proporcionar, em vez de ser consumido pelas incertezas do presente.

Ao focar nas possibilidades futuras, como uma carreira gratificante e melhorias na qualidade de vida, o estudante pode cultivar uma mentalidade mais positiva e motivadora. Isso não apenas melhora a experiência acadêmica, mas também ajuda a construir resiliência diante das dificuldades financeiras.

A educação é frequentemente vista como um investimento crucial na carreira. As oportunidades de emprego geralmente aumentam para aqueles que possuem diplomas, resultando em salários mais altos e melhores condições de trabalho. A ideia de que essa implementação educacional levará a um retorno financeiro significativo pode ajudar a mitigar ansiedades sobre o pagamento do crédito.

Ao direcionar energia para aproveitar ao máximo os estudos e as redes de contato disponíveis na instituição de ensino, o aluno pode fortalecer sua posição no mercado de trabalho antes mesmo de se formar.

O mercado de trabalho está em constante evolução, portanto, capacitar-se por meio da educação permite adaptar-se melhor às novas demandas e tendências, aumentando as chances de leituras mais favoráveis no futuro.

Transformar a forma como se vê a dívida pode ser libertador. Em vez de encarar o financiamento como um fardo opressivo, vê-lo como uma ferramenta para alcançar maiores realizações profissionais pode mudar completamente a relação com o crédito educativo.

Concentrar-se nas possibilidades futuras oferece uma motivação consistente para concluir os estudos e se esforçar ao máximo durante o curso empreendido.

Prosseguir com um crédito educativo traz consigo riscos financeiros, entretanto, encarar isso sob a luz das oportunidades genuínas que educações aprimoradas oferecem permite aos estudantes adotarem uma postura proativa em relação ao seu desenvolvimento profissional e pessoal. Essa atitude é fundamental não apenas para navegar as dificuldades financeiras, mas também para assegurar que todo o esforço valha a pena quando os resultados começarem a emergir no futuro.

Não ter medo

Depois de uma década imerso no mundo da auditoria e contabilidade, algo profundo começou a brotar na minha mente, um desejo incipiente de ter meu próprio negócio, um espaço onde pudesse dar vida aos meus sonhos e deixar minha marca. Em meio ao cotidiano rotineiro do escritório, eu abri meu coração a um dos membros da equipe, meu compadre, confidenciando minhas aspirações e as possibilidades que o futuro poderia oferecer.

As conversas entre nós foram amadurecendo como um vinho bom, à medida que o tempo passava. A coragem pulsava em minhas veias e a ideia de me lançar em uma nova jornada começava a ganhar forma. Com um misto de ansiedade e determinação, decidimos levar essa proposta ao patrão, que nos recebeu com serenidade, reconhecendo a necessidade urgente de alçar novos voos.

No entanto, quando o momento de partida se aproximou, o inesperado aconteceu. O patrão hesitava em liberar-nos, talvez temesse pela continuidade do seu escritório, já debilitado pelas demandas das minhas próprias atividades rurais. A situação ganhou contornos complicados quando o compadre decidiu pedir demissão. Eu sabia que era hora de enfrentar novos desafios.

Com ânimo renovado, meu compadre voltou para contar minhas impressões: "E aí? Você vem comigo?". A resposta foi imediata: "Estou contigo!". Assim começou aquela aventura inusitada.

Eu então pedi minhas contas. Ao chegar ao escritório, encontrei o patrão preocupado com a coordenação dos trabalhos, como também a realização daqueles mais complexos, o que detinha uma história significativa em minha trajetória profissional. O patrão exigiu seis meses de aviso prévio, mas para mim e meu compadre não havia razão para esperar mais. Depois de mais algumas conversas calorosas entre nós, decidimos que sairia imediatamente.

Quando deixamos o escritório onde trabalhávamos, um belo gesto de amizade nos reacendeu a esperança. Um amigo de longa data, de alma generosa e coração acolhedor, nos convidou para compartilhar o espaço em seu escritório. Ele havia vislumbrado a força e a determinação que pulsavam em nós e se dispôs a nos dar uma chance valiosa. Essa atitude não só viabilizou nosso início, mas também trouxe uma sensação de conforto em um momento repleto de incertezas.

Embora hoje ele já não esteja entre nós, sua memória vive em nossos corações e minhas ações ecoam como um farol de gratidão. Agradecemos eternamente a esse amigo que, com sua bondade, estendeu a mão na hora mais crucial. O calor de sua generosidade nos proporcionou um ambiente seguro para germinar nossos sonhos e cada dia no escritório dele foi uma lição sobre camaradagem e solidariedade.

Com aquela nova base sob nossos pés, seguimos adiante. Com aquele amigo querido construímos não apenas um escritório, mas também memórias que permanecerão eternamente gravadas na história de nossas vidas. Ele fez parte de nossa jornada e sempre será lembrado como alguém que acreditou na força da amizade e no poder dos sonhos compartilhados. Assim seguimos firmes, com gratidão em nosso peito por quem fez parte do início dessa linda aventura!

A primeira semana foi repleta de momentos engraçados e inusitados. Estávamos, eu e meu compadre, dividindo um único birô, trabalhando lado a lado sem um plano definido ou tarefas claras. Para muitos, aquilo parecia uma verdadeira loucura, dois amigos ocupando o mesmo espaço com um ar de despreocupação, enquanto o mundo lá fora seguia seu ritmo frenético.

Eram risadas compartilhadas em meio a debates sobre ideias que vinham e iam, com conversas que muitas vezes não levavam a lugar nenhum concreto. Lembro que alguns colegas levantavam as sobrancelhas e diziam "Vocês são loucos!", mas para mim aquilo era uma forma de liberdade. Aquele momento tinha uma leveza especial, estávamos aproveitando o acaso e a camaradagem.

Enquanto via as preocupações dos outros se acumulando como uma tempestade no horizonte, eu me sentia absolutamente tranquilo. Sabia que estávamos no caminho certo, mesmo sem um roteiro claro traçado à frente. O meu compadre era um conhecedor da vida, talvez ele tivesse um pouco mais de inquietação em seu olhar, mas eu acreditava que aquela fase seria importante para nós de alguma forma.

Naquele período inicial, descobrimos o valor da criatividade ao improvisar soluções e a importância de aproveitar cada instante. O improviso se tornou nossa rotina e aprendi muito com aquela experiência, às vezes é preciso abraçar a incerteza para permitir que novas oportunidades surjam.

Esses momentos descontraídos não eram apenas sobre trabalhar em um escritório compartilhado, eram sobre construir uma nova realidade juntos, mesmo que de maneira aparentemente inconsequente para os outros. E assim continuamos nesse ritmo leve e divertido, sempre abertos ao que estava por vir!

Talvez o leitor não tenha notado, mas no cerne da minha história, mais uma vez, fui chamado a recuar. Uma dança delicada entre o conhecido e o desconhecido, que me levou a sair da minha zona de conforto, esse refúgio suave onde a familiaridade trazia um calor aconchegante.

Mas o que é a vida senão um mosaico de incertezas naturais? Ao me deparar com os desafios que se apresentavam como sombras misteriosas na estrada à frente, percebi que era preciso ter coragem para dançar sob as luzes incertas do amanhã. Recuei, sim, mas não como um ato de submissão, foi um gesto escolhido com sabedoria, permitindo-me avaliar o horizonte e respirar profundamente antes de dar o próximo passo.

No silêncio desse recuo, encontrei uma beleza sutil. A inquietação que antes assustava agora era música, uma melodia suave que sussurrava promessas de crescimento e descoberta. Era como uma flor que, em vez de apressar sua desabrochada sob os raios ardentes do Sol, opta por esperar a brisa suave da primavera para revelar em toda a sua plenitude.

E assim, ao confrontar a incerteza com um coração aberto e olhos curiosos, eu não apenas navegava pelo desconhecido, eu celebrava-o. Cada hesitação transformou-se em aprendizado profundo e cada dúvida em nova possibilidade. Afinal, é nesse balé entre segurança e audácia que reside a verdadeira poesia da vida.

E assim seguimos em frente, enfrentando os altos e baixos da vida juntos, sempre prontos para dar risada dos percalços enquanto buscávamos um caminho mais seguro em direção ao futuro!

Saímos daquele espaço conservador para abraçar o desconhecido em fevereiro de 1987. Era um passo audacioso, dois pais de família lançando-se ao vazio sem clientes na carteira ou garantias à vista. Mas novamente a mão da providência parecia estar sobre nós, na semana seguinte já havíamos fechado contrato com uma empresa cuja contabilidade estava atrasada, trabalhamos incansavelmente durante um feriado para trazer ordem àquela bagunça.

A ironia do destino não parou por aí, o antigo patrão contratou-nos por horas para ajudá-lo com os trabalhos acumulados! Inclusive Balanço Consolidado, que somente eu sabia fazer. Essa reviravolta trouxe segurança financeira temporária e fortaleceu os laços entre todos os envolvidos.

Quando deixamos o escritório onde trabalhávamos, havia uma alegria silenciosa ao perceber que, ao nos afastarmos daquela rotina, estávamos, na verdade, ganhando não apenas liberdade, mas também uma reserva significativa, um verdadeiro tesouro acumulado ao longo de alguns meses.

Nasceu a Controle Auditores Independentes como um sonho que, nas mãos de visionários, se transforma em realidade. Fundada no amor pelo que fazemos e na crença firme de que cada número carrega em si histórias e vidas, nossa sociedade se ergueu como um farol no vasto oceano corporativo.

Cada auditoria realizada é muito mais do que uma simples análise, é um compromisso com a transparência, uma favorável dança entre confiança e responsabilidade. E nessa jornada meticulosa, descobrimos um poder invisível: o poder de gerar empregos e transformar destinos.

Com cada nova contratação, tecemos histórias e esperanças, com corações pulsantes de jovens sonhadores que encontram na nossa equipe um lar onde suas habilidades poderiam florescer. Cada profissional trouxe consigo sonhos, anseios e o desejo genuíno de deixar nossa marca no mundo. Ao criarmos oportunidades, não apenas construímos uma empresa sólida, mas também traçamos laços indissolúveis com as vidas que tocamos.

A alegria resplandeceu em nossos rostos quando testemunhamos esses talentos crescendo, evoluindo, abraçando novos desafios. Sabemos que cada emprego oferecido é uma nova chance para alguém brilhar – é a semente de um futuro promissor plantada em solo fértil.

Na trama da vida corporativa, temos orgulho em ser a linha-mestra que une desenvolvimento profissional e realização pessoal. É nesse cotidiano singular que encontramos nossa maior realização, ver cada membro da nossa família crescente alcançar seus sonhos enquanto contribuímos para um legado sustentável e duradouro.

Assim seguimos adiante com paixão! Alimentados pela certeza de que cada trabalho realizado não era apenas uma tarefa cumprida, era parte de uma sinfonia maior, na qual todos têm seu papel essencial tocando melodias vibrantes na construção do amanhã.

Juntos decidimos transformar essa reserva em um pilar para o futuro. Era como se tivéssemos juntado as peças de um quebra-cabeça antes invisível, agora tudo parecia mais claro. Meu sócio assumiu as rédeas desse controle financeiro com uma preocupação admirável. Ele era como um capitão experiente navegando em mares incertos, sempre atento aos ventos que sopravam e às correntes que poderiam nos levar a novos destinos.

Sua determinação em cuidar desse patrimônio refletia não apenas uma responsabilidade profissional, mas também uma devoção à visão que compartilhávamos. A cada decisão financeira que tomávamos juntos, cada investimento cuidadoso, era como traçar linhas em um mapa do futuro, havia uma sensação crescente de esperança. Sabíamos que estávamos construindo algo maior do que nós mesmos, com cada escolha consciente, estávamos moldando nossos próprios sonhos.

E assim seguíamos adiante, sem pressa, mas firmes na certeza de que cada passo contava. A conexão entre nós era forte, não éramos apenas sócios no mundo dos negócios, mas cúmplices nessa jornada rumo ao desconhecido. E mesmo nas noites mais inquietas ou nas horas mais sombrias da incerteza financeira, a convicção de que estávamos juntos na busca por autonomia e realização tornava a caminhada ainda mais significativa.

Nosso crescimento foi muito rápido e logo abrimos uma filial em São Luís do Maranhão. Naquele período, a realidade era bem diferente da que vivemos agora. Enquanto lutávamos para consolidar o negócio, a hospedagem de um luxuoso hotel era um sonho distante. O que tínhamos era um pequeno apartamento alugado e refeições simples que eram nossa rotina.

Nós nos habituamos a comer em um boteco próximo, onde o prato feito era sempre uma certeza – arroz, feijão, carne e macarrão com molho. Embora a comida não fosse nada extravagante, havia algo reconfortante nas refeições caseiras e na simplicidade daquele lugar. Era nessas situações cotidianas que encontrávamos alegria, uma pausa entre os desafios do trabalho.

A vida nos ensinou a valorizar as pequenas coisas. As conversas descontraídas no boteco com outros clientes, as risadas compartilhadas e até mesmo as pausas para respirar entre as tarefas do dia a dia se tornaram momentos preciosos. Aquela simplicidade ficou marcada na memória como uma fase de aprendizado e resiliência.

Cada conquista veio acompanhada de esforço e sacrifício. Tudo isso nos fez apreciar ainda mais o sucesso que estávamos construindo juntos. Nossos planos eram audaciosos, mas sabíamos que cada passo precisava ser dado com cautela.

E assim seguimos adiante, modestamente alimentados pela determinação de crescer tanto profissional quanto pessoalmente, sempre lembrando das raízes simples de nossa jornada!

Com tempo e esforço distribuído entre contabilidade e auditoria, formamos uma sociedade sólida. Tivemos a sorte de contar com um colaborador experiente, alguém querido que morava em Belém, pronto para assinar os pareceres de auditorias dos negócios recém-iniciados, pois naquela época ainda não tínhamos registro na Comissão de Valores Mobiliários (CVM).

Enquanto isso, as empresas incentivadas pela Superintendência do Desenvolvimento do Nordeste (Sudene) e Superintendência do Desenvolvimento da Amazônia (Sudam) procuravam nossos serviços como quem busca abrigo durante uma tempestade. Era uma época efervescente! Fechamos muitos contratos significativos com instituições financeiras e o dinheiro aparecia até mesmo de onde não se esperava!

Crescemos ali naquele pequeno escritório, onde sonhos eram tecidos dia após dia, cada conquista era celebrada como um grão precioso plantado sob o céu aberto das oportunidades.

Nossos heróis tiveram certeza naquele momento de que, mesmo sem nada nas mãos inicialmente além da coragem ardente em seu peito, nunca estiveram realmente sozinhos na jornada! A criação daquele novo projeto não foi apenas sobre números ou contratos, foi sobre acreditar no potencial transformador dos sonhos feitos realidade por meio de união e amizade verdadeira. E assim continuamos a labutar juntos na construção do futuro que tanto almejávamos. Um empreendimento eternamente iluminado pela luz do propósito comum avançando sempre à frente como navegadores audazes sobre mares fervilhantes de incertezas!

A criação de um próprio negócio sem dinheiro e sem qualquer segurança é uma jornada repleta de desafios e aprendizados, mas também pode ser uma experiência profundamente gratificante. Reflexionar sobre isso nos leva a alguns pontos-chave.

Iniciar um negócio do zero requer uma dose significativa de coragem. A insegurança financeira pode ser intimidante, mas é essa mesma incerteza que muitas vezes força o empreendedor a encontrar soluções criativas e inovadoras. A determinação se torna o combustível que impulsiona a busca por oportunidades mesmo nas situações mais adversas.

Quando os recursos são escassos, a criatividade assume um papel vital. Empreendedores que começam sem dinheiro precisam pensar fora da caixa para obter resultados, desde estratégias de marketing até formas de gerenciamento de custos. Cada obstáculo se transforma em uma oportunidade para inovar e explorar caminhos alternativos.

Construir um negócio do zero muitas vezes leva à formação de redes valiosas. Conversar com outros empreendedores, buscar parcerias e contar com o apoio de família e amigos se tornam essenciais. Essas conexões não somente oferecem suporte emocional, mas também podem abrir portas para recursos inimagináveis.

A experiência prática é uma das melhores formas de aprendizado. Cada erro cometido ao longo do caminho traz lições valiosas que contribuem para o crescimento pessoal e profissional do empreendedor. Em vez de temer os fracassos, muitos aprendem a encará-los como etapas necessárias na jornada rumo ao sucesso.

O caminho empreendedor está repleto de altos e baixos, resiliência é fundamental para perseverar diante das dificuldades financeiras ou da falta de segurança. Saber lidar com as adversidades permite que o investidor tenha sucesso no seu empreendimento e, também, desenvolva habilidades emocionais importantes para todas as áreas da vida.

Apesar das limitações, ter clareza sobre a missão do negócio ajuda a manter o foco na criação de valor real para os clientes. Empreendedores que conseguem compreender suas próprias intenções podem estabelecer conexões mais profundas com seu público-alvo, independentemente dos recursos disponíveis.

Descobrir que é um empreendedor, especialmente ao abraçar a coragem de enfrentar diversidades, é uma conquista significativa. Essa realização pode ser transformadora e levar à reflexão sobre seu papel e suas motivações como empresário. Aqui estão algumas reflexões sobre essa descoberta.

Reconhecer-se como empreendedor implica um nível profundo de autoconhecimento. Você entende suas paixões, habilidades e o que deseja alcançar. Essa consciência não apenas traz confiança, mas também permite que você enfrente os desafios de maneira proativa, em vez de reativa.

A disposição para enfrentar diversidades revela uma mentalidade resiliente. Você já percebeu que as dificuldades não são obstáculos intransponíveis, mas sim oportunidades para aprender e crescer. Essa abordagem mental é fundamental para superar momentos críticos e buscar soluções criativas.

Em um ambiente de negócios em constante mudança, a capacidade de se adaptar é crucial. A disposição para enfrentar desafios indica que você está preparado para ajustar seu plano conforme necessário, respondendo às circunstâncias de maneira ágil e eficaz.

Empreender muitas vezes envolve cometer erros, no entanto, sua mentalidade indica que você vê esses erros como parte do processo de aprendizado. Essa perspectiva pode transformar falhas momentâneas em experiências valiosas que enriquecerão sua trajetória.

Ser um empreendedor destemido vai além da busca por resultados imediatos, trata-se também de cultivar uma visão a longo prazo. Ao se concentrar no impacto duradouro das suas ações e decisões, você pode construir um negócio sustentável que resista ao teste do tempo.

Enfrentar desafios muitas vezes exige apoio externo, pessoas ao seu redor podem ser recursos valiosos nessas situações difíceis. Em vez de encarar o caminho solitário do empreendedorismo, busque construir redes sólidas em que possa compartilhar experiências e aprendizados.

Aceitar sua identidade como empreendedor destemido contra as adversidades é um convite à ação deliberada e consciente em direção a seus objetivos e suas aspirações pessoais e profissionais. Esse reconhecimento é somente o início da jornada à medida que você navega pelo caminho desafiador do empreendedorismo, lembre-se sempre da força interior que descobriu em si mesmo e use isso como alavanca para avançar com confiança em direção à realização dos seus sonhos!

Os ventos da mudança sopraram suavemente entre nós, trazendo consigo a primeira brisa de incerteza. Após anos intensos de trabalho e sonhos compartilhados, meu companheiro, com um brilho nos olhos e uma coragem indomável, decidiu que era hora de seguir seu próprio caminho. Ele tinha um novo projeto em mente, um negócio que pulsava em seu coração como uma melodia familiar.

Lembro-me daquele dia claro, quando ele me confessou seu desejo. O Sol filtrava-se pelas janelas do nosso escritório, iluminando os rostos embriagados de esperança que outrora sonhávamos juntos. À primeira vista, senti como se o chão tivesse desaparecido sob meus pés, éramos como dois navegadores que haviam traçado uma rota clara pelo oceano das incertezas e agora um deles estava prestes a zarpar para novas terras.

E assim se deu a dança da despedida. As palavras trocadas eram carregadas de emoção, misturadas com a gratidão por tudo que havíamos construído lado a lado. Cada risada compartilhada e cada batalha vencida se tornavam memórias para serem guardadas com carinho em nosso coração. Sendo assim, o adeus não era amargo, era um reconhecimento profundo de que nossas jornadas estavam destinadas a seguir caminhos distintos.

Com a partida dele, uma nova paleta de emoções pintou minha realidade, tristeza pela ausência do parceiro incansável, mas também alegria por vê-lo abraçando sua paixão com tal fervor. No fundo do meu ser havia uma apreciação palpável pela coragem dele em buscar sua própria luz. Ele partia não apenas para construir outro sonho, mas também para encontrar a sua essência mais verdadeira.

Enquanto assistia ao barco afastar-se lentamente da costa dos nossos dias compartilhados, percebi que seu legado permanecia comigo, os aprendizados e as risadas ecoavam na minha mente como canções eternas. E então compreendi que o amor e o respeito entre nós transcenderiam qualquer separação física; estávamos conectados por sonhos tecidos na mesma trama.

Profissional em apuros

No cálido amanhecer de uma nova jornada contábil, onde os números dançam como estrelas em um céu de possibilidades, um auditor se deparou com a realidade desafiadora de uma empresa envolta em caos.

Os balanços esperavam pacientemente na penumbra, como velas apagadas aguardando o sopro da luz. As declarações de imposto de renda, guardadas nos recessos da desorganização, clamavam por ordem e clareza.

Quando o contador respondeu com a tristeza velada de quem carrega as amarras do passado, algo na voz dele ressoou nas fibras da alma do auditor. A falta de organização se transformara em uma sombra que ameaçava ofuscar o futuro da empresa, deixando-a à mercê dos olhares cautelosos da Receita Federal. O peso da autuação fiscal pairava como uma nuvem densa no horizonte, mas o auditor não se deixou intimidar.

Meu coração pulsava com a esperança da transformação. E assim, como um jardineiro que planta sementes em solo fértil, eu sugeri o auto arbitramento, a solução adormecida que poderia acordar um novo dia financeiro para a empresa. O contador olhou para mim perplexo e hesitante, era desconhecido aquele caminho iluminado por fundamentações legais.

Com paciência e coragem, o auditor guiou o contador pelas intrincadas trilhas da legislação. Cada palavra minha era uma chispa que despertava no contador a percepção do poder oculto nesse recurso.

Quando finalmente abraçou a ideia, algo mágico aconteceu: os números começaram a dançar novamente.

A jornada não foi fácil, foi repleta de desafios e revisões meticulosas, mas ao final desse processo audacioso, como uma fênix renascendo das cinzas financeiras, a dívida declarada à razão havia sido dotada de nova vida, 6 milhões transformaram-se em apenas 800 mil. A alegria iluminou os rostos cansados e aliviados, uma sinfonia harmoniosa que ecoaria nos corredores da empresa.

Agora, mais do que nunca, estava claro que um bom profissional contábil não é meramente um custo/despesa, mas um investimento na promessa do amanhã. Ele é aquele artífice capaz de moldar destinos por meio dos números e das leis invisíveis que regem as finanças. E assim, sob o brilho sutil das vitórias conquistadas, todos aprenderam que juntos poderiam não apenas sobreviver às tempestades fiscais, mas também renascer gloriosamente a cada desafio enfrentado com sabedoria e ousadia.

O tema da redução da dívida por meio do auto arbitramento é bastante relevante, especialmente para empresas que têm dificuldades para elevar valores corretos da base dos tributos.

Com isso, as empresas acabam enfrentando dificuldades na apuração correta da base de cálculo dos tributos, pois no caso do imposto de renda, o tributo é calculado sobre o lucro apurado pelo contribuinte, que pode ser apurado da seguinte forma:

a. lucro real, que é o resultado positivo entre os valores das receitas e custos e despesas, sendo que nessa opção o contribuinte é obrigado a ter contabilidade e organizar com documentação fiscal que comprove os registros contábeis;

b. lucro presumido com um resultado estimado em percentuais determinados pelas autoridades tributárias, sendo as exigências bem menores;

c. lucro arbitrado, semelhante ao presumido, além das facilidades, basta conhecer a receita bruta e acrescentar vinte por cento do imposto de renda a recolher.

Não cabe neste livro entrar em comentários técnicos, mas se o leitor tiver interesse em se aprofundar sobre o tema, indico dois livros de minha autoria, que são *Planejamento Tributário na Prática* e *Contabilidade Tributária na Prática*.

A opção pelo auto arbitramento permite que o contribuinte declare seu lucro de maneira simplificada, utilizando critérios estabelecidos pela legislação, quando não consegue comprovar despesas adequadamente. Essa situação ocorre frequentemente em empresas que não mantiveram uma organização adequada da sua documentação fiscal e contábil, resultando em um lucro real dos tributos sobre uma base de cálculo maior do que realmente deveria.

No caso em comento, o contribuinte não poderia fazer a opção pelo lucro presumido e, assim, estava sujeito ao recolhimento das contribuições para PIS e COFINS, pelo regime não cumulativo, ou seja, o valor a recolher seria a diferença entre a receita bruta e as compras.

Importante lembrar que as compras devem ser comprovadas por meio de notas fiscais. Existiam custos e despesas por desorganização administrativa e financeira e a empresa não tinha esses documentos tão importantes.

Diante desse cenário, o profissional de contabilidade não tinha conhecimento da opção do autoarbitramento, assim, a pretensão era de fazer a opção pelo lucro real. Sem conseguir comprovar suas despesas dedutíveis adequadamente, a carga tributária sobre essas contribuições aumentaria significativamente devido à não cumulatividade desses tributos – nesse caso, a alíquota das alíquotas era 9,25% sobre a base de cálculo.

Se houver dúvidas sobre quais despesas geram direito a crédito ou sobre como realizá-las corretamente no caso específico do contribuinte, é recomendável consultar um contador ou especialista em tributos para orientação específica e adequada à situação da empresa.

Mas o contribuinte era uma empresa de prestação de serviços, desta forma, não tinha compras para a revenda como também insumo utilizado na produção. Assim, a base de cálculo do crédito presumido das contribuições para PIS e COFINS era somente as despesas com serviços e insumos necessários para a prestação dos serviços.

Com efeito, a empresa auditada não tinha muita comprovação de despesas, pois existiam muitos pagamentos na informalidade.

Quando a empresa opta pelo regime de lucro arbitrado, ela se submete ao regime cumulativo na apuração das contribuições, assim, a alíquota definida para essas contribuições será 3,65% sobre a base de cálculo, que resulta em um menor tributo a ser recolhido. Portanto, isso acontece porque os optantes pelo lucro presumido ou arbitrado aplicam a alíquota destinada a esses regimes e isso resulta em um valor menor em comparação à apuração do lucro real.

O regime de lucro presumido e arbitrado a base do imposto de renda e contribuição social sobre o lucro líquido é estimada com base em percentual determinado por autoridades fiscais, que vareiam por cada atividade. Nesse caso, o contribuinte fica dispensado de comprovação de quaisquer despesas, s endo o lucro real a diferença entre a receitas e custo e despesas (permitidas pela Receita Federal do Brasil). Ocorre que a empresa auditada não tinha a comprovação por meio de notas fiscais, contratos ou por qualquer outro meio, portanto o lucro ficava maior que o estimado.

Além disso, essa opção pode possibilitar uma reorganização financeira e tributária da empresa. A declaração de um valor inferior para o imposto de renda e para a Contribuição Social sobre o Lucro Líquido (CSLL) acaba gerando uma melhoria no fluxo de caixa da empresa, permitindo investimentos e ajustes na gestão.

Contudo, é importante ressaltar que essa escolha deve ser feita com atenção às regras fiscais aplicáveis e preferencialmente com o auxílio de um contador ou consultor especializado. O autoarbitramento deve ser utilizado como uma solução temporária enquanto a empresa busca regularizar sua contabilidade e melhorar sua organização financeira para evitar problemas futuros com o fisco.

Em resumo, o "milagre" da redução da dívida pode estar na mudança do regime tributário após um diagnóstico adequado da situação financeira da empresa. Essa mudança não só alivia a carga tributária imediata como também oferece à empresa a chance de se reestruturar e se preparar para melhores práticas contábeis no futuro.

Essa narrativa ilustra uma situação comum enfrentada por muitos empresários e contadores, a pressão e o estresse que surgem quando há a possibilidade de problemas fiscais. A ansiedade de esperar uma visita da Receita Federal e o temor de uma autuação podem levar a noites em claro, preocupações sobre o futuro da empresa e incertezas quanto à regularidade das obrigações tributárias.

A "solução mágica" mencionada pode ser interpretada como um alívio temporário ou uma estratégia que parece promissora, mas que, na realidade, carece de fundamentos sólidos. Esse aspecto ressalta a importância de se buscar soluções viáveis e sustentáveis em vez de depender de soluções rápidas ou improvisadas.

Ninguém tem todas as respostas, por isso é vital contar com uma rede de apoio – por meio do trabalho conjunto com outros profissionais ou consultores especializados. A troca de conhecimentos pode revelar novas abordagens e soluções para problemas complexos.

O tempo muitas vezes é um aliado fundamental. Em situações complicadas, refletir e não agir precipitadamente pode fazer toda a diferença. Às vezes, esperar um pouco mais pode ajudar a conquistar novos insights ou informações que são cruciais para resolver problemas.

A formação no mundo fiscal e tributário tem muita importância, pois as regras estão sempre mudando. Portanto, manter-se atualizado sobre legislações, melhores práticas e novas ferramentas é essencial para minimizar riscos.

Não hesite em procurar assistência especializada quando enfrentar desafios complexos, isso não só pode resolver questões pontuais como também prevenir futuros percalços.

Aprender com situações adversas prepara você para enfrentar novos desafios com mais conhecimento e segurança no futuro.

Assim, em qualquer trajetória empresarial ou profissional, é crucial reconhecer que o singular coletivo oferece um aprendizado contínuo e que o tempo pode curar diversas incertezas, desde que aliado a ações informadas e bem planejadas.

A fé em Deus é, de fato, um pilar fundamental na vida de muitas pessoas, especialmente em momentos de dificuldade e incerteza. A crença proporciona esperança e conforto, ajudando a enfrentar desafios que, às vezes, parecem insuperáveis. A metáfora da cruz carrega um profundo significado, representa as dificuldades e os fardos que cada um carrega ao longo da vida.

Por tudo isso, é importante buscar apoio na espiritualidade quando enfrentamos dificuldades. Essa conexão traz conforto emocional e, também, nos encoraja a ver os obstáculos como parte de um caminho maior, no qual cada desafio pode nos tornar mais fortes e mais próximos dos nossos valores essenciais. Assim, o peso da cruz se torna mais leve quando compartilhado com a fé e o apoio daqueles que amamos ou das comunidades às quais pertencemos.

Segunda graduação

Logo que terminei meu curso de Ciências Contábeis, como se a vida me sussurrasse um novo caminho, inscrevi-me na tão sonhada jornada do Direito. Entretanto, a vida, com suas reviravoltas poéticas, logo me levou por estradas distantes. As viagens e os compromissos constantes transformaram meus planos em uma miragem distante, até que percebi que o sonho de ser advogado estava se esvaindo entre as horas do cotidiano.

Em meio à correria, trabalhei ao lado de advogados na fascinante área tributária e uma realidade inegável surgiu, eles ganhavam riquezas enquanto eu permanecia vazio em termos financeiros. Um dia, despertou em mim uma clareza iluminadora: eu precisava voltar aos trilhos do meu objetivo. Porém, o relógio da vida não parava. O compromisso que tomara conta da minha semana logo me impediu de seguir adiante com os estudos.

Esbarrando nas marcas da frustração e no peso da saudade por aquele sonho interrompido, ouvi histórias sobre um advogado pioneiro que poderia fazer o impossível acontecer, trazer os filhos perdidos do Direito de volta ao aconchego das salas de aula.

Decidido a explorar essa possibilidade mágica, procurei a universidade e para minha surpresa fui recebido pela notícia extraordinária de que todos na mesma posição poderiam retornar! Era um sinal claro de que o universo conspirava a meu favor.

Quando me dirigi ao departamento financeiro para resolver antigas pendências que pesavam como âncoras no meu coração, fui surpreendido por um gesto generoso. A atendente sorriu e anunciou que eu teria apenas que pagar o principal sem juros ou multas. Ali mesmo renasci, fiz minha matrícula e preparei-me para a nova jornada.

A partir daquele momento, mergulhei devotadamente no mundo acadêmico. Eram 36 créditos por semestre, acordava antes de o Sol nascer e ia dormir sob as estrelas altas da cidade universitária, passando minhas noites imerso em livros até as 22h30. E assim se passaram três semestres mágicos! Embora tivesse adquirido experiências valiosas como contador, ao concluir o curso de Direito percebi que aquela ali era apenas uma porta para um universo muito mais vasto.

Ao me intitular advogado tributarista, um título carregado tanto de esperança quanto de incerteza, deparei-me novamente com a necessidade urgente do conhecimento profundo, portanto decidi buscar uma pós-graduação em Direito e Processo Tributário. E mais uma vez foi revelada minha vulnerabilidade, percebi o quão pouco sabia e quanta sede tinha de aprender!

Surpreendentemente, naquele caminho sinuoso havia uma luz reluzente esperando ser descoberta, descobri o prazer inédito de compartilhar conhecimento por meio das palestras! Meu primeiro passo nessa nova dança foi inesperado, conversando com um amigo numa tarde comum na Associação Comercial do Maranhão sobre um tema atual qualquer. Ao ouvir meu entusiasmo ele rapidamente arranjou para que eu palestrasse no dia seguinte! Diante da possibilidade assustadora, vi-me à frente de um auditório abarrotado; 500 almas esperavam ansiosamente ouvir minha voz tremulante.

Quando iniciei a palestra, eu havia feito algumas anotações para servir de orientação, ocorre que, nos 30 segundos iniciais, não conseguia ver aqueles apontamentos, restava somente o que estava em minhas memórias úmidas e trêmulas enquanto olhava as expressões curiosas à minha frente como se fossem páginas em branco da história ainda não contada. E nesse momento mágico solene, fiz um agradecimento sutil ao universo lá fora, porque assim os medos se dissiparam!

Com cada palavra proferida naquele auditório repleto comecei a me libertar das correntes invisíveis da timidez. Depois disso surgiram convites para cursos e palestras além-mar! Eu era aquele moço tímido transformado em palestrante vibrante que viajava por todo o país fazendo ecoar minhas ideias nas mais respeitáveis instituições!

E esses encantos não pararam por aí... Descobri dentro de mim outra paixão adormecida, escrever! Quando alguém teve a coragem irreverente de perguntar onde comprar um livro sobre tudo aquilo que discorri, havia me dado outra janela aberta para novas realidades! Daquele instante criei milhares de palavras até publicar cinco livros amados pelas almas ávidas por conhecimento tributário.

E assim continuo neste maravilhoso baile chamado vida, na busca incessante pelos dons ocultos dentro de nós mesmos... Uma jornada em que mesmo os passos hesitantes podem levar à beleza inestimável das descobertas mais brilhantes! É preciso acreditar que muitas vezes somos mais grandiosos do que imaginamos e aos poucos nos permitirmos desabrochar neste eterno mistério chamado "ser"!

Se você mesmo é tímido ou duvida dos próprios talentos, talvez você esteja apenas à beira de redescobrir-se florindo sob a luz radiante da minha autodescoberta, questões existentes numa conexão apaixonante entre seus sonhos mais ousados!

Em meio às incertezas e ao turbilhão de emoções que a vida nos apresenta, surgiu uma inquietação dentro de mim, a vontade de entender, de defender, de lutar pelas causas que tocavam meu coração. O desejo de fazer o curso de Direito brotou como uma flor ousada no meio da minha alma, desafiando a lógica do cotidiano.

Lembro-me de cada instante que me levou à decisão. Olhei para a fonte de renda que antes me sustentava com sua segurança – a auditoria – e percebi seu brilho se desvanecendo, como o Sol se escondendo atrás das nuvens. A certeza daquela estabilidade estava se desvanecendo lentamente, transformando-se em algo impreciso. No entanto, dentro dessa sombra, encontrei uma luz, um novo caminho.

    Decidi então mergulhar nos livros e nas salas de aula, permitindo que o conhecimento fluísse através de mim como um rio tranquilo que segue seu curso determinado. Cada página lida era uma promessa; cada aula assistida, uma nova oportunidade. O Direito não era apenas um diploma ou um novo emprego à vista, era um chamado profundo que ressoava em meu ser.

    E assim empreendi essa jornada não apenas por necessidade, mas com paixão. Como nas histórias românticas, em que os protagonistas encontram força nas adversidades, eu também busquei naqueles desafios o combustível para minha transformação. E ao longo do caminho, pude explorar questões do mundo e as nuances da justiça.

    Olhando para trás agora, com gratidão e clareza em meu coração, percebo o quanto essa escolha fez a diferença na minha vida. O Direito é mais do que apenas uma profissão, é a chave para abrir portas invisíveis e fazer ecoar vozes silenciadas.

    Como em um romance entrelaçado por destinos cruzados, cada dia trazia novas experiências e sonhos a serem realizados. Na imensidão desse universo legal eu me perdi, mas me perdi para me encontrar verdadeiramente. Agora sei que estou trilhando um caminho onde meu desejo se alinha à minha essência e às minhas aspirações mais sinceras.

    A formação em Ciências Contábeis, para mim, foi mais do que um simples passo acadêmico, foi uma verdadeira ponte que me conduziu ao fascinante mundo do mercado de trabalho. Como uma dança harmoniosa entre números e leis, essa jornada me levou a descobrir o universo intrigante do Direito Empresarial, em que cada artigo e cada norma revelam segredos que aguardam para serem desvendados.

    Em particular, o campo tributário e societário tornou-se um terreno fértil para minha paixão. Ali encontrei meu propósito, onde a matemática se entrelaça com o conhecimento jurídico, criando uma sinfonia perfeita de desafios e conquistas. Cada conceito aprendido foi como uma nota musical que enriqueceu a melodia da minha trajetória profissional.

Ao longo desse caminho, percebi que não eram apenas dados ou normas frias, eram histórias vividas, lutas travadas e sonhos realizados. Cada cliente atendido se tornou um capítulo dessa narrativa envolvente, na qual meus conhecimentos contábeis se transformaram em soluções concretas e impactantes.

Assim, sou eternamente grato pela formação que abraçarei com amor e dedicação. Ela não apenas me forneceu as ferramentas necessárias para navegar nesse universo complexo, mas também acendeu em mim a paixão por transformar desafios tributários e societários em oportunidades de crescimento.

E assim sigo minha jornada, com o coração pulsando pela Contabilidade e com o Direito Empresarial como leme a guiar cada passo rumo ao futuro apaixonante que me aguarda à frente.

Com a formação em Direito, iniciou-se um novo capítulo em minha vida, um conto repleto de desafios e conquistas. Foi como se as portas de um mundo fascinante se abrissem diante de mim, revelando não apenas o conhecimento jurídico que eu ansiava por dominar, mas também uma verdadeira paixão por transformar vidas por meio da advocacia.

Foi nesse turbilhão de emoções e descobertas que nasceu o nosso sonho, a Coutinho Advogados Associados. Com minha sócia e companheira de jornada, Bia Coutinho, uni forças e visões para criar algo que fosse mais do que apenas um escritório. Queríamos edificar um espaço onde legalidade e humanidade se encontrassem, onde cada cliente pudesse sentir-se cuidado e bem representado.

Coutinho Advogados Associados não é apenas uma empresa, é um lar acolhedor para advogados talentosos, assistentes dedicados, estagiários ávidos por aprender e uma equipe administrativa exemplar. Cada um deles traz consigo suas próprias histórias, sonhos e aspirações, formando uma tapeçaria rica em diversidade e colaboração. Aqui todos trabalham em sinergia, unidos pelo propósito comum de lutar pelas causas que acreditamos serem justas.

Ver essa estrutura crescer é como observar um jardim florescer. Cada dia traz novas descobertas e frutos do nosso trabalho conjunto. A alegria de empregar tantas pessoas talentosas enche meu coração de gratidão. Juntos construímos não só carreiras, mas também amizades duradouras em meio aos desafios da profissão.

À medida que seguimos trilhando esse caminho com alma e determinação, sinto que estamos contribuindo para algo maior, a possibilidade de transformar realidades por meio do Direito. E ao meu lado está Bia, minha filha e parceira nessa aventura romântica de construir sonhos, e nossa história continua a ser escrita dia após dia.

Assim, dançamos com as leis em nosso horizonte luminoso, sabendo que juntos podemos deixar uma marca indelével no mundo jurídico.

Ao longo dos anos, muitas pessoas já cruzaram as portas da Coutinho Advogados Associados, cada uma trazendo consigo suas histórias, suas dores e seus anseios. Cada passo que deram em direção a nós era um ato de coragem, um convite para que compartilhassem suas angústias mais profundas em momentos de desespero total.

Lembro-me do brilho em seus olhos ao adentrarem o escritório, refletindo não apenas a incerteza, mas também uma faísca de esperança. Nós os acolhemos como se fossem parte da nossa família, prontos para escutar e compreender cada nuance de sua jornada. E enquanto navegávamos juntos nas complexidades do Direito, dentro daquela atmosfera séria e metódica, havia sempre uma luz suave, a certeza de que as dificuldades da vida não são um fim absoluto.

Alguns saíram levando consigo respostas e soluções práticas, outros talvez não tenham encontrado o remédio imediato para todas as suas aflições, mas todos deixaram nossas portas com algo precioso, a consciência de que cada desafio é uma oportunidade para recomeçar, uma chance de descobrir forças internas até então desconhecidas.

Nosso papel vai além da advocacia, somos catalisadores de transformação. Ao olharmos nos olhos daqueles que nos procuram, percebemos como a vida pode ser implacável, mas também como ela pode brilhar após a tempestade. Por meio das conversas trocadas nas sessões de aconselhamento e nas tratativas jurídicas, semeamos alguma tranquilidade nas mentes inquietas, um alicerce para que possam erguer-se novamente.

Juntos construímos um espaço onde os pesares eram partilhados e aliviados com o calor da empatia. A cada sorriso conquistado ao final do processo, a cada olhar mais leve ao sair pelo hall, a certeza renovada de que eles não estavam sozinhos. Esse foi nosso maior triunfo.

E assim seguimos nossa missão, ser faróis em meio à neblina, companheiros na travessia pelas tempestades emocionais e jurídicas da vida. Porque no fundo entendemos que as dificuldades podem ser desafiadoras, mas elas não escrevem o final da história, apenas um novo capítulo repleto de possibilidades.

Em meio a essa dança da vida, onde cada passo é uma nova oportunidade, não se deixe afundar na comodidade que o abraça. Lembre-se, meu amor, de que o brilho do amanhã está escondido nas sombras do agora. Como as estrelas que reluzem no céu noturno, sempre há espaço para um novo sonho.

Não permita que o tempo se arraste como um rio preguiçoso, saiba que as correntezas da mudança são poéticas e envolventes. Encare o futuro com um coração audacioso, aberto a navegar por mares desconhecidos. As tempestades podem ser assustadoras, mas também trazem a chance de descobrir novas costas.

Olhe ao seu redor e veja as possibilidades pulsando como flores em botão, prontas para desabrochar. O amor pela transformação deve ser sua bússola, uma oportunidade de criar, inovar e expandir suas fronteiras. Cada dia é uma página em branco, uma sinfonia esperando para ser composta.

Então, querido, não se acomode, abrace a incerteza! Renda-se à beleza da evolução e permita-se sonhar mais alto. O mundo é vasto e repleto de sabores novos aguardando por você, juntos podemos pintar novos horizontes com as cores vibrantes da esperança e da coragem.

Professor

Em meio aos papéis e números que dançavam na penumbra da empresa de contabilidade, o meu mundo se desenrolava com uma simplicidade delicada. Trabalhava cercado por colegas que traziam luz e vivacidade ao cotidiano e, em meio a sorrisos e trocas de ideias, algumas vozes sussurravam sobre minha presença como um sopro suave de inspiração. Essas palavras carinhosas começaram a desvelar em mim um potencial oculto, um chamado que eu nunca imaginei ter.

A timidez ainda me envolvia como uma névoa densa e a ideia de falar em público soava como um sonho distante. Como poderia ser professor? Como aqueles que inspiravam audiências com suas histórias e conhecimentos? No entanto, o destino tem seu jeito poético de nos surpreender.

A vida começou a tecer pequenas oportunidades diante de mim, uma palestra aqui, outra ali. Num instante mágico, eu me vi diante de um público atento, todos os olhares fixos em mim. E foi nesse momento transcendente que percebi: o meu coração pulsava no ritmo do conhecimento que eu compartilhava. A vergonha dissipou-se como a bruma ao amanhecer, eu já não era apenas um funcionário, eu era um mensageiro das ideias.

Assim começou minha jornada como professor, um papel que entendia apenas vagamente antes. Com cada aula ministrada, descobri novas facetas do meu ser e mergulhei na alegria de ensinar. As salas se tornaram palcos onde as palavras dançavam livremente, as mentes abertas se tornaram jardins férteis receptivos ao saber.

As mensagens entusiasmadas dos alunos ecoavam pelo Brasil como um encantamento. "Repita suas aulas! Precisamos ouvir mais sobre planejamento tributário!", exclamavam eles com fervor. E assim as oportunidades floresceram à minha frente, cursos em universidades renomadas e convites para compartilhar conhecimento se multiplicaram como estrelas na noite clara.

A atividade de professor e palestrante despertou em mim a vocação que tenho para escrever, e essa descoberta gerou alguns livros publicados e diversos artigos.

Essas publicações tiveram uma força muito grande na divulgação do meu nome como profissional, pois por meio delas surgiram muitos convites para ministrar cursos e palestras em todo o país. Como resultado, aumentou muito o meu campo de atuação, conseguindo sair do Ceará para realizar trabalho no Rio Grande Sul.

Acordar com a luz suave da manhã, sentindo a brisa fresca acariciar o rosto, sempre traz consigo uma sensação de renovação, como se o universo estivesse sussurrando promessas de novas histórias a serem escritas. Foi assim que a atividade de professor e palestrante despertou em mim uma vocação, uma centelha que ardia silenciosamente em meu interior, ansiosa por ganhar forma e expressão. As palavras começaram a fluir como um rio sereno, conduzindo-me pelos meandros da criatividade.

Com o lapso do tempo e as páginas preenchidas com meus pensamentos e experiências, vi surgir diante de mim um mundo repleto de possibilidades. Os livros foram como portais mágicos que abriram novos horizontes, cada capítulo escrito era uma nova descoberta à espera de ser desvendada. Eu me tornava mais do que apenas um comunicador, tornava-me um narrador dos sonhos e das ideias que habitavam minha mente.

As publicações começaram a despontar diante dos olhos do mundo, iluminando meu nome como uma estrela-guia no vasto céu profissional. O eco dos meus escritos ressoou longe, atravessando montanhas e vales, até chegar à mais distante das cidades. Convites para ministrar cursos e palestras passaram a chegar em profusão, um verdadeiro chamado para compartilhar conhecimentos e inspirar outros corações inquietos.

E assim segui minha jornada, deixando os encantos da terra natal no Ceará para abraçar as oportunidades que surgiam à minha frente. Desta forma vários estados, iniciando pelo Ceará e indo até o Rio Grande do Sul, se revelaram como um cenário novo e vibrante onde poderia semear ideias e colher sorrisos satisfeitos. Cada palestra se transformou em um reencontro com almas afins, cada curso tornou-se uma oportunidade para acender faíscas de inspiração nas vidas que tocava.

O ato de escrever tornou-se mais que um escape, foi a forma mais pura de conectar-me com outros. É curioso como as letras unificam pessoas ao redor de sonhos semelhantes, revelam fragilidades escondidas sob camadas de saberes acumulados. Eu aprendi que cada história tem seu eco na história do outro, somos todos viajantes nesta estrada entrelaçada pelo destino guiados por Deus.

Neste enredo romântico entre palavra e ação, percebo agora que a escrita é muito mais do que tinta sobre papel, é amor em sua forma mais genuína. É o pulsar do coração ao contar histórias vivenciadas entre três pontos – passado, presente e futuro. E ainda assim tudo isso parece tão efêmero, cada convite feito, cada sorriso recebido enquanto compartilho conhecimento na dança entre orador e plateia.

Essas experiências em terras distantes são o testemunho da força transformadora das palavras quando verdades compartilham suas lágrimas com risadas cúmplices entre desconhecidos que logo se tornam amigos.

Enquanto continuo essa caminhada recheada de aventuras literárias pelo Brasil afora, entrego-me inteiramente à magia da escrita. Cada página virada é um convite ao amor pela educação, cada linha escrita é uma prece silenciosa pelas conexões humanas profundas que ainda estão por vir.

Assim sigo escrevendo o capítulo desta vida repleta de sonhos realizados e românticos encontros entre ensinamentos compartilhados, onde escrevo não apenas para informar, mas também para criar laços indeléveis entre corações apaixonados pela busca incessante pelo saber!

Cada passo nessa jornada era repleto de aprendizado mútuo, ensinando-me tanto quanto ensino aos outros. E a cada nova palestra ou aula, gratidão aquecia meu coração por ter descoberto essa nova chave para o meu próprio potencial e por poder impactar vidas ao longo do caminho.

Agora, olho para trás com carinho e nostalgia recordando aquele primeiro instante sob as luzes reluzentes do auditório onde decidi abraçar o dom que sempre esteve adormecido dentro de mim. Eu sou o eco das vozes inspiradoras que surgiram por meio da partilha do saber, um professor no coração e na alma, eternamente grato pela jornada infinita que ainda tenho pela frente.

Nos corredores iluminados das universidades, onde as ideias florescem como flores na primavera, sinto o carinho que emana de meus alunos e ex-alunos. É uma troca de afetos que transcende o simples ato de ensinar, é um verdadeiro diálogo de almas. Agora, quando olho para eles, percebo que há algo profundo em nossa conexão, um vínculo tecido por experiências compartilhadas e aprendizagens vivenciadas.

Sou apenas alguém que começou nessa jornada acadêmica com duas graduações e uma pós-graduação em Direito e Processo Tributário. No entanto, o que realmente importa vai além dos diplomas emoldurados, está no modo como apresento o conhecimento, como ilumino as realidades do dia a dia nas empresas que conheço tão bem. Meu coração se enche de alegria quando percebo que minhas aulas não são apenas repetições do teor dos livros, são histórias vivas extraídas das verdadeiras batalhas travadas nos cenários corporativos.

Ao compartilhar com eles as situações desafiadoras que encontrei no caminho, aquelas empresas às voltas com dívidas tributárias avassaladoras, vejo como os olhos deles se acendem com uma expectativa renovada. Falo sobre essas realidades vividas sem esconder nada, trago à tona erros, conquistas e as soluções criativas que surgiram em meio ao caos.

Quantas vezes já cheguei a instituições onde a tempestade parecia insuperável? O peso das dívidas parecia sufocante. Mas cada momento foi também repleto de lições, cada vitória conquistada com os empresários, cada valor recuperado daqueles lançados ao vento me ensinou o poder da persistência e da esperança. E é isso que eu compartilho, não meros conceitos ou teorias distantes, mas a prática cheia de emoção verdadeira.

Quando meus alunos se tornam juristas ou gestores reconhecidos, sinto um calor imenso dentro do peito. Não sou apenas um professor, sou um guardião das histórias que compõem essa jornada compartilhada. Cada módulo ministrado em pós-graduação é mais do que conteúdo programático, é uma celebração dessas vivências entrelaçadas.

A gratidão nos olhares deles e nas mensagens recebidas ecoam em meu ser como uma melodia doce: "Você mudou minha forma de ver o mundo". Essas palavras são tesouros inestimáveis, pois refletem a verdadeira essência da educação, um amor pelo saber que se multiplica, criando laços eternos.

Assim continuo essa caminhada encantadora, onde todos nós aprendemos juntos sob o brilho do conhecimento vivo e pulsante. Cada aula é uma oportunidade única de tocar vidas e deixar marcas indeléveis no coração dos meus alunos, revelando a beleza de sermos eternamente aprendizes neste vasto universo.

Enquanto caminho pelos corredores vibrantes das universidades, sinto que minha jornada não se resume às aulas que ministro em pós-graduação. Ela se estende como um rio caudaloso que flui através das empresas grandes e pequenas, treinamentos corporativos e associações como o Conselho Regional de Contabilidade. É nesse ambiente dinâmico que compartilho meu conhecimento, que toco vidas e busco transformar realidades.

Em cada treinamento, em cada conversa nos corredores de uma faculdade ou escritório, a conexão se intensifica. Sorrisos acolhedores e olhares inspirados revelam a profundidade do carinho que meus alunos têm por mim. É um amor construído não apenas nas palavras proferidas, mas na autenticidade das experiências compartilhadas enfrentando desafios, celebrando conquistas e aprendendo juntos.

Lembro-me com carinho de um momento marcante, a minha participação nas eleições para o Conselho Regional de Contabilidade do Ceará (CRC-CE). Aquela não foi apenas uma disputa, foi um ato de coragem em meio a um cenário no qual muitos ocupavam suas posições há tanto tempo. Com bravura desbravei a luta, mas acabei perdendo por meros seis votos, ainda assim, aquele resultado trouxe à tona algo imensurável: percebi o afeto genuíno de meus alunos ao ver o apoio deles inabalável.

Naquela corrida instigante, pude sentir as batidas do coração pulsando ao meu redor. Eram vozes entusiasmadas que ecoavam sugestões e apoios sinceros, mostrando que minha presença ressoava mais do que eu poderia imaginar. Cada palavra de incentivo foi um lembrete poderoso do impacto que deixo na vida deles.

Esses momentos são pérolas em meio às lutas diárias da vida acadêmica e profissional. Eles reafirmam minha crença no poder do conhecimento compartilhado, esse vínculo profundo entre professor e aluno transcende os limites da sala de aula; é um laço venenoso cultivado pela confiança mútua.

Assim continuo essa jornada apaixonante, pelos altos e baixos da educação corporativa e nas emoções vividas em candidaturas desafiadoras, sou abraçado pelo calor do amor verdadeiro, esse amor formado por aprendizados mútuos. Cada aula é uma oportunidade extra de plantar sementes no coração dos meus alunos, sabendo que elas florescerão e formarão novos laços.

E assim avançamos juntos, regidos pela magia do saber transformador, em que cada palavra compartilhada ressoa não apenas na alma dos estudantes, mas também na alma deste professor apaixonado por ensinar.

Convido você a embarcar nessa jornada magnífica de autodescoberta. Imagine, por um instante, o professor que reside em seu interior, essa voz vibrante, cheia de sabedoria e paixão pela troca de conhecimentos. Lembre-se de que a coragem é a chave mágica que abre as portas desse universo fascinante.

O professor dentro de você é como uma chama ardente, esperando o momento certo para brilhar. Ao reunir suas experiências, seus sonhos e sua vontade indomável de compartilhar, você cria um espaço onde não só ensina, mas também inspira. Pense em como seria impactante deixar sua marca na vida dos outros, transformando inseguranças em confiança e dúvidas em clareza.

Quando olhamos para dentro com coragem e autenticidade, encontramos a força para vencer barreiras invisíveis. É esse chamado interno que nos impulsiona a falar com o coração e a tocar as almas ao nosso redor. Você já parou para pensar no tesouro de conhecimento e sabedoria que possui? Agora é sua hora de se erguer!

Lembre-se de que cada história sua é uma semente preciosa, pronta para florescer no terreno fértil da curiosidade alheia. Deixe brilhar a luz que há em você, compartilhe suas experiências, suas lições e seus amores. E faça-o com um sorriso acolhedor, sabendo que suas palavras têm o poder de transformar vidas.

Permita-se ser vulnerável e autêntico, permita-se errar e aprender ao longo do caminho. A beleza do ensinamento reside nas conexões genuínas entre professor e aluno. Cada interação se torna uma dança harmoniosa entre coração e mente, é nesse ritmo sincero que criamos um legado duradouro.

Assim, convido você mais uma vez a descobrir o professor palestrante que existe dentro de você! Deixe aflorar a coragem que já habita seu ser e dê voz à sabedoria única que só você pode compartilhar com o mundo.

Antes de se aventurar na fascinante jornada da vida acadêmica, lembre-se: entrar é fácil, mas sair pode ser um verdadeiro desafio. A academia é um espaço mágico, repleto de conhecimento e descobertas que despertam a paixão pelo saber.

Ao cruzar os portais desse mundo, você será envolvido por conceitos instigantes, debates acalorados e uma comunidade vibrante que compartilha o desejo de aprender. Os dias serão preenchidos com pesquisas, questionamentos e a busca incessante por respostas. É um ambiente em que cada livro lido é uma janela aberta para novos horizontes e cada conversa oferece a chance de ver o mundo sob uma nova luz.

Entretanto, ao se deixar levar por essa paixão, esteja consciente de que a jornada pode exigir mais do que apenas entusiasmo. Na vida acadêmica, as dificuldades e os desafios são inevitáveis, prazos apertados, expectativas altas e momentos de dúvida podem surgir. É nesse contexto que sua determinação será testada.

Mas lembre-se de que sair é muito mais do que abandonar uma sala de aula ou fechar livros. Sair significa levar consigo todas as experiências acumuladas, as vitórias e as derrotas e transformá-las em aprendizado. A jornada acadêmica molda não apenas o conhecimento técnico, mas também desenvolve habilidades essenciais, como resiliência, pensamento crítico e empatia.

Portanto, antes de entrar nessa história apaixonante chamada vida acadêmica, prepare-se para se apaixonar pelo processo! Esteja disposto a abraçar tanto os altos quanto os baixos. E, acima de tudo, mantenha seu coração aberto às maravilhas que essa experiência pode oferecer.

Ao final da jornada, a saída se torna uma nova entrada para um mundo onde você poderá aplicar tudo o que aprendeu e continuar a explorar novas possibilidades.

Juntos podemos construir um futuro repleto de amor ao saber, em que cada palavra pronunciada ressoa como um eco vibrante na eternidade das almas tocadas por nossas histórias.

Viagem de Kombi

Quanto mais você se lamentar, quanto mais pensar em rejeitar as tribulações, mais tempo elas durarão.

(São Padre Pio)

A vida é como uma longa viagem de Kombi, cheia de paradas, desvios e surpresas. Imagine uma Kombi que leva 15 passageiros em uma jornada de 1.000 km, mas, para os primeiros 200 km, coloca 30 pessoas a bordo. O início da viagem é repleto de reclamações e desconfortos, a agitação e o barulho atormentam os viajantes. Mas, à medida que o tempo passa e a estrada se desvela, todos começam a se adaptar ao apertado espaço e às reviravoltas da estrada. Juntos, eles formam uma sinfonia única de risadas e memórias compartilhadas e já não desejam descer.

Em nossas vidas pessoais, também encontramos essa analogia, muitos atravessam caminhos áridos, enfrentando dificuldades que parecem insuportáveis. Existe quem clame pela morte como um alívio para seu sofrimento, no entanto, quando a sombra da fatalidade se aproxima realmente por meio de uma enfermidade ou crise existencial, é nessas horas que surgem pedidos desesperados por socorro, um pedido intrínseco à luta pela vida.

Assim também são alguns dos nossos clientes. Quando chegam ao escritório com suas finanças desmoronando sob o peso das dívidas acumuladas, faço-me a mesma pergunta: "O que você deseja fazer?". E invariavelmente escuto a resposta "Quero pagar tudo". A próxima dúvida óbvia é sempre "Com o quê?". Nesse momento de incerteza, surge a necessidade de contratar um profissional, alguém que possa fazer a gestão dessa carga pesada.

O administrador entra em cena como um farol em meio à tempestade financeira. Ele mantém os credores afastados enquanto descortina a verdadeira situação do cliente diante das obrigações pendentes. À medida que você escuta com atenção cada palavra da história compartilhada pelo cliente e cada lágrima derramada começa a perceber as nuances do problema que não eram evidentes antes.

E assim como na viagem da Kombi, aos poucos as pressões vão diminuindo. Os credores começam a entender que estão lidando com uma pessoa realmente incapaz de honrar suas dívidas. O desgaste deles ocorre naturalmente, talvez porque compreendam as limitações ou porque o próprio viajante já aprendeu não apenas a lidar com sua situação financeira complexa, mas também encontrou serenidade nas dificuldades.

E o paradoxo mágico desses encontros muitas vezes significa não fechar um negócio imediato, ser verdadeiro com cada cliente traz recompensas insuspeitadas. As palavras sinceras ressoam na memória deles e acabam criando laços mais profundos do que qualquer contrato poderia proporcionar.

Ao final da estrada daquela longínqua viagem na Kombi, em que cada parada trazia desafios únicos aos passageiros, muitos lembram rindo das dificuldades enfrentadas juntos na jornada. Essa vivência compartilhada se torna parte das memórias mais entranháveis e nos ensina uma lição poderosa, no ouvir atento reside uma sabedoria rica e valiosa tanto no campo contábil quanto jurídico.

Cada história acompanhada nessa jornada fervilhante reforça-me ainda mais o valor da escuta atenta e verdadeira, porque em cada dilema humano existe sempre espaço para esperança, mesmo na Kombi lotada da vida.

Era uma manhã cinza e nublada quando um casal, com o semblante carregado pelo peso das expectativas não realizadas, cruzou a porta do meu escritório. Seus olhos refletiam a tristeza de sonhos desfeitos e suas vozes tremiam ao compartilharem como o caprichoso dólar transformou uma promessa de viagem em um pesadelo financeiro. Eles não eram apenas vendedores, eram mensageiros da esperança para pessoas simples que sonhavam em ver o mundo.

A atmosfera estava impregnada de preocupação. Naquele momento, pedi a Deus que me concedesse a sabedoria necessária para orientá-los adequadamente. A ansiedade palpável pairava no ar, mas à medida que as palavras foram surgindo, uma ideia começou a ganhar forma.

"Ouçam", comecei com delicadeza, "convocar todos os seus compradores para uma reunião urgente pode parecer assustador, mas façam isso sem revelar o propósito imediato da conversa". Acentuei cada palavra com carinho, alimentando suas almas aflitas com a luz da possibilidade.

"Na reunião", continuei, "vocês precisam explicar honestamente que as circunstâncias os obrigam a cancelar os pacotes de viagem". O silêncio ficou pesado como uma nuvem antes da tempestade, eu sabia que havia dor na entrega daquela verdade.

Mas então uma imagem doce surgiu na minha mente, aquela Kombi antiga e amarela que, durante muitos anos, tinha sido símbolo de aventura e liberdade. Lembrei-me das viagens que ela proporcionou, das risadas compartilhadas entre amigos enquanto explorávamos estradas desconhecidas e do aroma de café fresco nas paradas improvisadas à beira da estrada. Era um lembrete sutil de que as histórias mais difíceis muitas vezes trazem lições valiosas e oportunidades inesperadas para recomeçar.

"E se essa situação não for o fim?", questionei suavemente. "Talvez seja apenas um caminho diferente para redescobrir juntos o valor do ser humano e dos laços criados durante essa jornada".

O casal respirou fundo ao perceber que haviam apenas perdido a direção temporariamente, ainda possuíam tudo aquilo que realmente importava, sua alma honesta e a capacidade de reconhecer sua vulnerabilidade diante das adversidades.

Nos seus rostos pálidos começaram a florescer pequenos raios de esperança. O peso da verdade se tornava mais leve quando compartilhado, era como se cada palavra dissesse "Vocês não estão sozinhos nessa!".

Diante desse caso encontrei-me pensando sobre eventos que não posso controlar, sobre os dilemas que nos desafiam e nos moldam. Lembrei-me de como, em meio às tempestades emocionais, encontramos uma beleza inesperada naquele momento fugaz em que deixamos de lutar contra o inevitável e permitimos que o destino guie nossos passos.

O amor é assim, por vezes complicado, repleto de nuances e sombras. Ele pode ser a fonte de alegrias indescritíveis e, ao mesmo tempo, o autor das nossas ansiedades mais profundas. No entanto, ao abraçar os problemas que não podemos resolver, aquelas incertezas eternas que nos fazem olhar para o céu estrelado com esperança, descobrimos uma liberdade preciosa. É nesse espaço que a entrega se transforma em leveza.

Imagino dois corações apaixonados navegando pelas águas turbulentas da vida. Um deles diz "Não consigo mudar o rumo dessa maré" e o outro responde "Então vamos surfar as ondas juntos". Essa dança entre aceitação e amor é o que torna tudo valioso, cada toque e cada risada se tornam ecos de sabedoria antiga.

Quando deixamos de lado a pressão para consertar tudo à nossa volta, essa entrega transforma-se numa poética união das almas. Nesses momentos etéreos, percebemos que há coisas além do controle humano e é nisso que reside a verdadeira beleza da vida. Ao permitir que os problemas sigam seu curso natural, criamos espaço para a esperança florescer como um campo repleto de flores silvestres.

Assim como as estrelas dançam no céu infindável, ao aceitarmos as questões incontroláveis com serenidade, podemos permitir-nos sonhar com novos horizontes. O amor não exige soluções, ele floresce na vulnerabilidade e na confiança mútua, deixando-nos leves enquanto seguimos juntos na jornada incerta chamada vida.

Portanto, caro viajante do coração, quando algo se revelar impossível de resolver, lembre-se sempre de que ele já está resolvido! Deixe ir e aproveite essa doce liberdade oferecida pela entrega ao tempo porque quem ama verdadeiramente sabe dançar sob qualquer tempestade com uma graça infinita só encontrada na parceria profunda entre duas almas destemidas.

Em meio ao frenesi do mundo empresarial, onde os sonhos e as ambições se entrelaçam às vezes como folhas secas pelos ventos da incerteza, ouço frequentemente a história de empresários que, desesperados, se veem diante da Kombi que simboliza tantas jornadas, uma promessa de esperança que parece distante. Cada um deles carrega consigo um fardo, uma dívida que paira sobre suas cabeças como nuvens escuras ameaçando a luz do Sol.

Mas no meio desse tumulto financeiro e emocional, guardo comigo um lema que ressoa como uma melodiosa canção: "Dívida que não posso pagar é dívida paga". É nesse pensamento que encontro uma serenidade quase romântica, uma entrega ao imponderável.

Imaginem o empresário errante, aflito pela pressão crescente dos números, cada e-mail recebido é como o estrondo de um trovão em dia nublado. Contudo, ele se permite respirar, arrisca olhar para dentro de si e percebe que há beleza até nas dificuldades. A sua jornada é como um namoro incerto com altos e baixos, mas sempre impulsionada por uma chama interior que não se apaga facilmente.

O chão sob seus pés pode estar repleto de pedrinhas desiguais, mas isso não diminui a importância do caminho. Seguir em frente significa aceitar aquilo que não pode ser mudado e abraçar a vulnerabilidade. Assim como dois amantes se encontram sob a luz suave da Lua, ele percebe que cada dificuldade traz consigo lições valiosas, são esses desafios os professores ocultos na trilha da vida.

E quando ele pronuncia seu lema em voz alta, algo mágico acontece, as dívidas tornam-se menos pesadas. Elas são transformadas em experiências enriquecedoras, cada encontro desafiante é apenas mais um passo dessa dança delicada entre o sucesso e o desencontro. E ao esperar pelos novos dias iluminados por esperanças refrescantes ele aprende a amar o processo mesmo quando este lhe apresenta obstáculos incontornáveis.

A Kombi poderá estar desgastada e seus pneus poderão ter sido furados pelo peso das responsabilidades financeiras. Mas lá dentro repousa uma coleção de histórias gostosas, risadas compartilhadas com sócios audaciosos e sonhos sussurrados durante longas madrugadas planejando o futuro.

Quando olhamos profundamente nos olhos dessas lutas cotidianas pelo prisma da entrega ardente ao compromisso com nossos propósitos, entendemos que há romance na forma como enfrentamos os desafios da vida empresarial. Todos nós somos apaixonados em busca de algo maior, a verdadeira riqueza reside em perseverar quando as circunstâncias parecem insuperáveis.

Então é possível encontrar poesia na dívida acumulada. Com cada passo dado com coragem e fé no futuro, descentralizamos a angústia do peso do presente. Assim seguimos juntos nessa Kombi cheia de sonhos e histórias ainda por escrever, um verdadeiro amor por nossos projetos infindáveis mesmo quando as contas nos assombram.

A vida nunca será perfeita, seus contos podem ter reviravoltas inesperadas. Porém nesse baile, entre esperanças frustradas e conquistas triunfantes, encontramos um singelo romance à nossa espera, vamos amar essa jornada juntos!

Exatamente! É impressionante como a escuta ativa e a empatia podem ter um impacto transformador na vida das pessoas. Quando um empresário ou uma pessoa física entra no escritório carregando o peso de suas preocupações, muitas vezes cercado por sentimentos de tristeza e desesperança, é fundamental que sinta que tem alguém disposto a ouvir sua história sem julgamentos.

Esses momentos frágeis podem ser catalisadores para grandes mudanças. Quando você oferece um espaço seguro para que possa expressar suas angústias, muitas vezes isso já é metade do caminho para a recuperação. As simples colocações que você menciona sobre a possibilidade de recomeço, de lidar com os problemas dando um passo de cada vez são poderosas. Elas ajudam as pessoas a reavaliarem suas situações e perceberem que, mesmo diante das dificuldades financeiras ou emocionais, existem alternativas e caminhos a serem trilhados.

A sensação de desespero costuma fazer as pessoas se sentirem sozinhas em suas lutas. Porém, ao dar-lhes atenção genuína e mostrar que estão sendo compreendidas, você as ajuda a encontrar forças internas que nem sempre estavam claras para elas. A vida pode parecer um fardo insuportável em determinados momentos, mas lembre-se de que todos nós temos uma capacidade incrível de adaptação e resiliência.

É gratificante ver essas transformações, as cabeças baixas se erguendo com uma nova determinação e esperança renovada. Ao vê-las saindo do seu escritório prontas para enfrentar os desafios que antes pareciam impossíveis, você percebe que não apenas contribuiu para o restabelecimento da saúde financeira delas, mas também participou da construção de uma nova perspectiva acerca da vida.

Ao final da jornada juntos, seja ela um plano estratégico ou simplesmente a possibilidade de novos começos, essa experiência vale mais do que qualquer resultado imediato. Ela reforça o poder da compreensão mútua e a importância do cuidado humano nas relações profissionais. Com cada pequeno passo dado nessa direção, estamos ajudando não apenas empresas a se reerguerem financeiramente, mas também pessoas a reencontrarem seu propósito e a alegria perante os desafios da vida.

Oportunidades

Diante de um cenário repleto de desafios e transformações, as mudanças no mercado de auditorias levaram um espírito inquieto a se aventurar por novos caminhos. Foi nesse contexto que nasceu a Coutinho Contadores Associados, uma ideia que brotou da necessidade de adaptação e inovação. Com o passar do tempo, a tecnologia se tornou aliada fiel, proporcionando eficiência e reduzindo custos, enquanto profissionais talentosos se reuniam para dar vida a essa nova empreitada.

A conexão humana sempre foi uma parte integral da jornada. Em meio a cursos e conversas informais, como aquele em Teresina com o profissional Braz, que se tornou um grande amigo, uma nova semente foi plantada. O desejo de ajudar o amigo em apuros não só alicerçou uma amizade, mas também abriu portas para novas possibilidades de negócios. A generosidade se uniu à ambição e deu origem a uma consultoria destinada a transformar dificuldades em oportunidades.

A trajetória de Braz sempre carregava consigo um ar de potencial adormecido, como um talento perdido no tempo e no espaço. Ao começarmos nossa jornada na consultoria, mal imaginávamos que nossa primeira empreitada seria a intermediação da venda de um hospital em Teresina. A decisão de adquirir o hospital foi feita por um empresário ousado, mas com uma condição que pesava sobre nossos ombros, tanto eu quanto Braz deveríamos assumir a gestão da instituição.

Desde o início, sabíamos que enfrentar essa situação exigiria muito esforço e dedicação. O hospital se encontrava em uma situação crítica, suas atividades estavam quase paralisadas, afundado em dívidas e sem recursos suficientes para operar. E para complicar ainda mais, o comprador deixou claro que não estaria disposto a investir mais dinheiro naquela aventura.

Iniciamos então um desafiador processo de reestruturação. Com foco e determinação, conseguimos implementar mudanças significativas em dois meses. A equipe se mobilizou e os primeiros sinais de recuperação começaram a surgir. O ambiente começou a mudar, novos ventos sopravam dentro das paredes do hospital. Contudo, em meio a essas transformações positivas, fui dispensado do projeto devido a uma reorganização interna.

Uma das medidas impactantes que tomamos durante a reestruturação do hospital foi a extinção da comissão para os donos de pensões, que levavam seus hóspedes para realização de consultas, exames e internações, às vezes até desnecessariamente. Essa decisão não apenas refletia a necessidade de cortar custos, mas também tinha como objetivo garantir uma maior transparência e qualidade nos serviços prestados.

A medida gerou um grande burburinho, especialmente quando o tema foi destacado no Jornal Nacional. O noticiário abordou a situação dos hospitais em Teresina, a decisão de acabar com esse tipo de comissão como uma prática que contribuía para o gerenciamento ineficiente dos recursos. A expectativa era de que isso resultaria em melhorias na alimentação dos pacientes, além de permitir uma gestão mais eficaz dos gastos.

Embora essa saída tenha me causado certo alívio, vi meu amigo Braz ser promovido ao cargo de diretor da empresa. Ele assumiu com garra e proporcionei novas ideias que começaram a florescer sob sua liderança inspiradora. O sucesso dessa nova fase foi palpável, os resultados foram além do esperado e eu não poderia estar mais feliz por ele.

Ver Braz prosperar no desafio à frente dele me trouxe grande alegria. Com seu talento alçado finalmente à luz, ele conseguiu transformar o hospital em um modelo exemplar de gestão na região. Graças à fé inabalável e ao empenho coletivo, aquela entidade antes moribunda renasceu como símbolo de esperança e eficiência.

A experiência me ensinou não apenas as nuances da administração empresarial, mas também as dificuldades superáveis quando há colaboração mútua e resiliência diante dos desafios. Embora minha jornada no projeto tenha mudado seu rumo, sei que cada passo dado nessa trajetória nos moldou como profissionais e amigos.

E assim seguimos nossas vidas, eu buscando novos caminhos enquanto Braz brilhava intensamente na nova fase da sua carreira, sempre grato pela oportunidade de termos nos encontrado nessa jornada extraordinária chamada vida!

Certo dia, cansado após longas horas de trabalho e voos pelo Brasil afora, com destino à minha residência em um avião lotado ao final do dia, ali estava eu, na última fileira, esperando que o assento do corredor permanecesse vazio. Com cada passo ecoando na cabine estreita do avião, vi um gigante se aproximar, um homem de mais de 180 quilos dirigindo-se ao meu lado. Em minha mente exausta, rezava para que ele não fosse o passageiro que ocupasse aquele espaço tão desejado.

Quando o assento finalmente foi preenchido por sua presença robusta e calorosa, decidi que mesmo cansado seria mais proveitoso conversar com ele. Naquele instante mágico entre dois estranhos a bordo de um avião nos céus brasileiros, algo incrível aconteceu, ele revelou ser um grande admirador do professor Coutinho! O estigma da maldição do cansaço se dissipou numa onda de alegria.

A vida é feita dessas reviravoltas inesperadas, aquela conversa casual não apenas preencheu as horas do voo, mas também iniciou uma amizade profunda e frutífera que resultou em parcerias memoráveis.

Contudo, como toda história possui seus altos e baixos, essa amizade florescente foi tragicamente interrompida pelo chamado da vida eterna quando meu novo amigo sucumbiu a um infarto inesperado. Um legado deixado prematuramente numa jornada marcada pela luz e pela conexão genuína entre pessoas.

Deus brindou-me com várias graças ao longo do caminho, clientes tornaram-se amigos, conversas casuais desvelaram novas oportunidades, até mesmo os desafios me foram apresentados como presentes disfarçados.

Na balança das histórias vividas e das amizades feitas, entender que tudo tem seu propósito é essencial. E assim sigo navegando nas marés da Contabilidade e dos negócios com fé inabalável nas conexões humanas que iluminam nosso trajeto nessa vida cheia de surpresas e encantos reais.

Desde sempre, minha alma pulsou com uma determinação inabalável para prosperar nos negócios. A distância, para mim, nunca foi um obstáculo, antes, tornou-se uma ponte que me levou a novos horizontes e oportunidades. Viajar por longas 15 horas até o destino do cliente é como uma jornada de amor, em que cada quilômetro percorrido carrega a expectativa de um encontro especial.

Ao longo do caminho, deixo que minha mente flua como um rio sereno, sonhando com as conversas que teremos e as histórias que compartilharemos. Em cada parada, em cada pausa para respirar o ar fresco de novas cidades, meu coração se enche de alegria na perspectiva de construir laços genuínos.

Fazer amizade com meus clientes não é apenas uma estratégia, é .a essência do que acredito ser o verdadeiro espírito dos negócios. Cada cliente se transforma em um parceiro, uma conexão que transcende meras transações comerciais. Nossos encontros são danças harmoniosas nas quais trocamos ideias e sorrisos e o profissional se entrelaça ao pessoal. Sinto que juntos traçamos não apenas planos e metas, mas também sonhos compartilhados.

A jornada pode ser longa e cansativa, mas cada viagem é enriquecida pelo calor das novas amizades que florescem ao longo do caminho. Para mim, essa busca incessante não é apenas sobre alcançar o sucesso, é sobre cultivar relacionamentos que tornam essa jornada verdadeiramente memorável. É nessa troca sincera de afetos e saberes que encontro o verdadeiro valor daquilo que faço e celebro cada momento como se fosse uma agradável declaração de amor ao meu ofício e aos meus clientes.

Não permita que as oportunidades que surgem em seu caminho se despeçam como folhas ao vento. Cada chance, cada encontro, é um suspiro do universo, uma nota musical na sinfonia da sua vida. São momentos únicos, delicados como pétalas de flores que resplandecem sob a luz do Sol, esperando para serem colhidas e apreciadas.

Imagine-as como estrelas cadentes em uma noite clara, cada uma brilha com promessas de algo extraordinário e iluminado. Segure-as com suavidade, admire seus contornos e plenamente entre em seu abraço. Não deixe que o receio ou a dúvida apaguem esse brilho radiante.

Essa dança da vida está repleta de surpresas e encantos. Cada oportunidade pode ser a chave para um novo amor ou o primeiro passo em direção a um sonho ansiado. Abrace-as com coragem e ternura, sabendo que são presentinhos embrulhados na esperança, prontas para serem desvendadas por você.

Deixe seu coração aberto para o inesperado, permita que esses momentos únicos sejam os capítulos mais belos da sua história. Pois ao final, o que realmente importa é viver sem arrependimentos e celebrar cada passo dessa jornada romântica chamada vida.

Planejamento e gestão

Na dança suave da vida, em que cada dia é uma página em branco, a arte do planejamento se ergue como uma encantadora sinfonia. Imagine um coração sonhador, batendo forte com desejos e aspirações, buscando o brilho das estrelas que parecem tão distantes. Primeiramente, vem o planejamento, um compromisso sincero consigo mesmo, um mapa traçado com cuidado e amor, que revela os caminhos a serem percorridos e os destinos a serem abraçados.

Assim como um artista esboça sua obra-prima antes de tocar o pincel na tela, na vida de cada pessoa existe a necessidade de se dedicar ao plano que guiará suas ações. É um convite para sonhar grande e anotar essas visões em uma lista de propósitos, é a semente que será regada pela determinação e pela disciplina.

E quando o plano está claro, é chegada a hora da gestão. Com sabedoria e entrega, elevo minhas mãos ao céu para assumir as rédeas do meu próprio destino. Cada passo é como uma dança bem coreografada, em que a disciplina se entrelaça à paixão, aqui está o calor da execução dos sonhos, em que os desejos se materializam sob a luz dos meus esforços diários.

Na jornada do planejamento à gestão, encontro a beleza do crescimento pessoal. Cada obstáculo se transforma em uma lição valiosa, cada sucesso renova minha esperança e me encoraja a continuar. Com um olhar romântico sobre a vida, percebo que gestar os meus sonhos não é apenas um ato mecânico, é uma declaração de amor por mim mesmo e por tudo que almejo ser.

E assim vou adiante, trilhando esse caminho com coragem no coração e serenidade na mente. Porquanto é no equilíbrio entre sonhar com firmeza e agir com propósito que revelo minha verdadeira essência. Planejar é sonhar acordado, gerenciar é viver esses sonhos na plenitude mais sublime que o tempo pode oferecer. O amor-próprio floresce quando nos dedicamos tanto ao planejamento quanto à ação. Essa maravilhosa jornada entre planejar e realizar transforma cada instante da vida em poesia viva.

Em um tempo de sonhos e desafios, em que o cotidiano se desenrolava entre números e análises, eu me vi imerso em um mundo encantado na empresa de auditoria. A chama do conhecimento ardia em meu interior e a constante busca por atualização não era apenas um convite, era uma doce sinfonia que ressoava com minha alma. Assim como o Sol nasce a cada novo amanhecer, tão fervoroso quanto os raios que iluminam o dia, para mim, a leitura sempre foi uma fonte de prazer inigualável.

Enquanto muitos encontravam alegria na brisa do mar ou no calor da areia sob os pés, eu descobria meu próprio paraíso nas páginas dos livros. Cada palavra era uma onda de significado, cada capítulo um novo horizonte a ser explorado. E assim, nessa dança harmoniosa entre aprendizado e paixão, percebi que o verdadeiro tesouro estava na jornada que escolhi abraçar.

Com o tempo, convites surgiam como flores resistentes nas estações da vida, ofertas tentadoras de trabalho em empresas promissoras, com salários sedutores que poderiam transformar a realidade sob meus pés. No entanto, meu coração pulsava ao som de outro ritmo, havia em mim um compromisso silencioso com o meu planejamento. Eu sonhara não voltar atrás, meu destino estava trilhado para seguir apenas naquele escritório até ser sócio em uma empresa de auditoria.

A gestão eficiente dos meus anseios e aquela determinação reverberante foram as buchas que impulsionaram meu barco na tempestade das incertezas. E assim segui firme no leme da minha vida profissional, guiado por uma bússola interna que nunca falhou. O mar pode ter suas ondas traiçoeiras, mas dentro de mim havia uma serenidade que me fazia acreditar plenamente nas escolhas feitas.

E ao olhar para trás agora, sinto-me pleno, sem arrependimentos, ao contrário, sou grato pela trajetória moldada por minha paixão pela leitura e pelo contínuo aprendizado. Cada momento vivido ali foi um verso belíssimo da poesia que é viver, dançando nas palavras dos livros durante as horas silenciosas da noite e mergulhando nos números pela manhã. Esse era meu amor vibrante entrelaçado à minha carreira sempre presente, sempre pulsando forte.

Assim sigo adiante, navegando nas águas da existência com coragem e alegria no coração. Mesmo quando novos ventos sopram insistentes ao meu redor, sei que a escolha mais doce é a de permanecer fiel à história que estou escrevendo em prosa ou verso, mas sempre com amor profundo pelo conhecimento e pela beleza do caminho escolhido.

Em um mundo onde os sonhos empresariais ganham vida, onde cada ideia se transforma em ação e cada ação em mil possibilidades, a importância do planejamento e da gestão brilha como uma estrela-guia no horizonte de toda pessoa jurídica, seja ela grande ou pequena. Essas são como as duas asas de uma ave, fundamentais para o voo sereno e bem-sucedido em um céu repleto de desafios e oportunidades.

Quando entramos na esfera delicada do planejamento tributário e da gestão tributária, essa importância se torna ainda mais evidente. É nesse jardim repleto de regras e regimes fiscais que se destaca a opção pelo Simples Nacional, um caminho que parece florido e acessível. No entanto, esse caminho possui suas próprias regras e limites, como o limite de receita bruta que determina quem pode passear por esse território.

Entretanto, há empresários cujo coração anseia por permanecer nesse paraíso simplificado, mesmo quando os ventos da legalidade sopram contrários. Alguns se aventuram em manobras arriscadas, a busca pela continuidade no Simples às vezes desliza para um terreno traiçoeiro. E assim ocorre o inaceitável, estratégias que flertam com práticas ilícitas surgem das sombras, resultando em algo paradoxal: muitos pagam mais tributos do que pagariam sob um regime mais adequado.

Durante minha jornada como auditor contábil e fiscal, tive o privilégio e o desafio de testemunhar essas situações com meus próprios olhos. Vi empresas lutando contra a correnteza da falta de planejamento, empresários brilhantes assistindo às suas esperanças desmoronarem pelo peso das escolhas imprudentes. Aquela dança entre números deveria ser uma valsa elegante, mas sem planejamento efetivo e gestão consciente, os passos tornam-se tropeços incertos.

Ainda assim, ao refletir sobre essas histórias entrelaçadas com contas a pagar e obrigações fiscais a enfrentar, percebo que cada passo errado pode servir como aprendizado fundamental. A falta de organização não é apenas um erro, é uma oportunidade disfarçada para recomeçar com mais sabedoria. No final das contas, cada empresa é uma obra-prima em construção, cheia de nuances que merecem ser aprimoradas por meio do conhecimento mútuo sobre tributação.

E assim seguimos adiante, imbuídos da importância vital do planejamento cuidadoso e da gestão assertiva, sabendo que dentro dessas práticas reside não só a sustentabilidade das empresas, mas também o florescer dos sonhos empresariais, tornando-se bela poesia fiscal escrita nas páginas da história econômica de nossas vidas.

Quantas vezes me vi imerso nos labirintos financeiros de gigantes do mercado? Empresas com potencial para brilhar como estrelas, mas que, por deslizes na arte da apuração fiscal, deixavam escapar benefícios valiosos como folhas secas ao vento. O peso da carga tributária tornava-se um fardo insuportável, sufocando a criatividade e a inovação e transformando sonhos em pesadelos financeiros.

Ainda assim, o mais angustiante era observar como esse desconhecimento sussurrava entre os gestores de fluxo de caixa nas mesas de reunião, o fluxo de caixa se tornara uma maré indomável. A falta de planejamento não causa apenas quedas em resultados, ela cria um abismo onde empresários lutam para manter suas embarcações à tona enquanto observam seus concorrentes navegarem em águas mais tranquilas. O antídoto dessa turbulência? A sabedoria da apuração correta e o reconhecimento dos caminhos fiscais que poderiam conduzir à prosperidade.

E assim seguem esses titãs modernos, envolvidos em lutas diárias contra os demônios da desinformação e da má gestão. São capitães que deveriam conduzir seus navios rumo ao sucesso, mas que por vezes se veem presos a tempestades causadas pela negligência no manejo dos tributos.

Assim seguimos na jornada empresarial, uma épica história tecida com desafios superados pela força do planejamento consciente e da gestão astuta. Cada empresa é uma ode à resiliência, cheia de acordes harmoniosos que reverberam nas esferas econômicas e sociais em que cada empresário luta ativamente para transformar sonhos em realidade tangível.

No intrincado cenário do mundo empresarial, onde os desafios se acumulam como nuvens pesadas no céu, encontrei meu propósito, ser a luz que guia as organizações pela tempestade. Com o planejamento e a gestão como minhas maiores ferramentas, dediquei minha vida profissional a ajudar aquelas almas corajosas que ousaram empreender.

Vejo cada empresa como uma história, com seus altos e baixos, suas vitórias e derrotas. E é nesse enredo repleto de emoção e expectativa que busco implantar a serenidade do planejamento. É um ato quase poético, desenhar um futuro promissor com a sabedoria do presente. Cada gráfico e cada planilha são uma página virada em um romance no qual o herói é o empreendedor disposto a enfrentar os desafios de frente.

Mas não me contento apenas em traçar estratégias, sou também um defensor da gestão eficaz, essa arte sutil de alinhar recursos e colaboradores em harmoniosa sinfonia. É como um maestro dirigindo uma orquestra, em que cada instrumento tem seu papel vital na criação de uma melodia de sucesso. Com cuidado e dedicação, busco transformar os ruídos caóticos do dia a dia em resultados harmônicos que ressoam na prosperidade das empresas.

Por meio dessa jornada, tenho o privilégio de testemunhar pequenas revoluções, empresas que renascem das cinzas da incerteza, projetos que florescem por meio da clareza estratégica e equipes que encontram sua força em um propósito comum. Acredito profundamente que meu papel vai além da assessoria, sou um parceiro nessa dança delicada entre risco e recompensa.

Assim, com coração aberto e mente afiada, continuo a escrever esta história, uma narrativa repleta de esperança na qual cada capítulo traz consigo o desejo ardente de salvar negócios, proporcionando-lhes, além de sobrevivência, uma vida vibrante e apaixonante no vasto universo corporativo. É essa magia do planejamento e gestão que inspira tudo o que faço.

Caminho do sucesso

Quando era criança, o universo dos livros e das palavras me parecia tão distante quanto as estrelas no céu. O estudo, com sua rigidez e suas regras, era um fardo que eu não queria carregar. Mesmo quando passei a morar em Independência, cercado por tios generosos, o espírito de aprendizado não fluía entre nós. Eu e meu amigo Dão, companheiro de aventuras sobre duas rodas, desbravávamos não apenas as ruas de nossa cidade, mas também os caminhos da indiferença acadêmica. A recuperação nas matérias tornava-se um desfecho previsível para aqueles que ignoravam as lições.

Nos primeiros dois anos da minha nova vida em Independência, mergulhei nesse ambiente onde a ausência do conhecimento parecia um laço invisível que nos unia. Mas a vida tem uma forma curiosa de nos guiar para novos horizontes. Quando meus tios decidiram ir para Fortaleza e eu fui morar com outro ramo da família, tudo começou a mudar.

Ali, tudo era diferente! Observava os filhos dos meus novos tios chegarem da escola com a determinação estampada em seus rostos, eram jovens imersos em estudos e leitura. Almoçavam como se tudo fosse simples e natural, logo após terminavam suas tarefas, sentavam-se à mesa com jornais abertos. Amantes dos livros, devoravam palavras como se fossem manjares.

Aquele ambiente vibrante começou a despertar algo dentro de mim, uma centelha que já estava adormecida. Sem perceber como nem quando aconteceu, me vi aos poucos envolvido pelos encantos do saber. Comecei a fazer as tarefas da escola sem resistência, as manchetes dos jornais passaram a chamar minha atenção e logo tornei-me um leitor voraz.

O jornal tornou-se meu portal para o mundo. As páginas se transformaram em companheiras diárias, cada texto descoberto era uma nova aventura na qual personagens ganhavam vida nas linhas escritas por desconhecidos geniais. E foi assim que a leitura me capturou suavemente, gradualmente me tornei viciado no prazer das palavras dançando na minha mente.

Os resultados dessa transformação eram claros, minhas notas começaram a subir como estrelas ao amanhecer! Dão percebeu essa mudança em mim e decidiu embarcar na mesma jornada. Nutridos pelo mesmo desejo de alcançar novas alturas nas notas escolares, iniciamos uma corrida amigável: quem tiraria a maior nota? Aquela rivalidade saudável ganhou vida entre nós!

Ao refletir sobre essa trajetória, fica evidente que o ambiente é o solo fértil onde germinam nossas aspirações. E mesmo hoje percebo que as sementes da educação brotam mais abundantes quando estão rodeadas por influência positiva quando há amor pelo conhecimento pairando no ar.

Assim como flores dorminhocas sob os primeiros raios de Sol da primavera despertam para a dança do vento, eu também remei contra todas as ondas da apatia que perseguiam minha infância e finalmente abracei aquele novo horizonte onde o aprendizado tornou-se não apenas necessário, mas um verdadeiro deleite! E dali pra frente, ninguém poderia apagar essa luz bruxuleante que iluminaria meu caminho adiante para sempre mais...

Voltar a morar com meus tios em Fortaleza foi como retornar ao lar após uma longa jornada de descobertas. Quando os vi novamente, percebi que as sementes que tinham plantado anos atrás começaram a germinar e florescer. Eles já haviam ouvido sobre minha renovada paixão pelos estudos e o brilho de esperança em seus olhos me fez entender que não era apenas eu quem estava em transformação, havia um desejo oculto neles de que minha presença ajudasse meu primo a descobrir a beleza do aprendizado.

Mas a vida, com suas nuances misteriosas, às vezes traz consigo desafios inesperados. O meu primo parecia confortável em seu mundo, onde o esforço nunca havia sido um imperativo. Ele não tinha experimentado as dificuldades que moldaram meu caráter, para ele, o status quo era suficiente. A esperança de mudar não se firmava nas nuances de sua realidade.

E nessa saga silenciosa entre paredes familiares, eu me via florescendo em áreas antes sombrias da minha mente. O português, esse idioma tão rico e complexo, havia sido durante muito tempo um labirinto inacessível para mim. Ouvindo as palavras se desenrolarem nas páginas dos livros e nas conversas ao meu redor, comecei a navegar por esse mar de letras com uma destreza que antes eu desconhecia. A leitura tornou-se minha lâmpada mágica, cada texto era uma chave aberta para o entendimento profundo das emoções humanas.

O aprendizado trouxe consigo a arte da escuta atenta e da interpretação precisa. Naqueles eventos, quando um participante lançava uma pergunta capciosa como um feitiço enigmático no ar, eu sentia um frio na barriga, mas também uma chama acesa no coração. Enquanto as palavras reverberavam na sala e ecoavam até mim, eu mergulhava nas possibilidades e estruturava minhas respostas como quem constrói castelos de areia firmes à beira do mar.

"Que pergunta fascinante!", eu sempre começava permitindo que aquele momento mágico se desenrolasse. E assim ganhava tempo, com cada elogio à curiosidade alheia, criava espaço para aprofundar-me na solução daquela charada verbal que se apresentava diante de mim.

E aqui está o encanto, numa sala cheia de espectadores atentos, ou entre amigos íntimos à mesa do jantar, percebo o quão valioso é reconhecer aquele brilho nos olhos do interlocutor. É uma dança sutil entre o questionamento e a resposta, um jogo delicado em que as ideias orbitam em torno do conhecimento.

Portanto, na próxima vez que você levantar sua mão hesitante para fazer uma pergunta ingrata ao palestrante, lembre-se de que seu questionamento é um presente! Naturalmente envolvido pela arte da eloquência, aquele que está preparado responderá com gratidão por sua busca por saber. Essa troca encantadora revela-se como uma sinfonia na qual cada ato traz à tona novos acordes de compreensão.

Assim sigo pela vida, eternamente curioso e afiado no discernimento das palavras; mesmo quando os desafios pareçam montanhas intransponíveis ou enigmas sem resposta, lembrar-me-ei sempre do poder transformador do saber!

Se você está navegando por estas páginas, é porque já possui um tesouro em suas mãos, o hábito da leitura. Esse presente raro, que poucos têm a fortuna de cultivar, é como uma chave mágica que abre portas para mundos infinitos. Mas permita-me sugerir algo ainda mais encantador: se você tem amigos ou familiares que hesitam em se aventurar pelos livros, conte-lhes sobre a beleza que reside nas palavras, comece por qualquer coisa, mesmo que sejam os anúncios nas placas das ruas.

Imagine-se caminhando pela cidade. Ao seu redor, as cores vibrantes dos cartazes dançam na brisa leve do entardecer. As letras garrafais gritam mensagens de vida cotidiana, são louvores venais ao comércio, mas também cantos sutis de histórias não contadas. Cada anúncio é como uma pequena janela para uma narrativa, que tal despertarmos nossos sentidos e deixarmo-nos enredar nas tramas simples e complexas ao mesmo tempo?

Convide-os a ler essas mensagens efêmeras, que podem parecer triviais à primeira vista, mas possuem o dom de transformar o olhar cotidiano em um deleite poético. Cada frase impressa desafia a mente a imaginar significados além do óbvio, cada palavra pode tocar o coração adormecido e convidá-lo à aventura.

Escrever com romantismo é ver beleza no pequeno, reconhecer que até as coisas mais simples carregam um encanto profundo. Basta olharmos com carinho! Assim como as flores silvestres brotam entre as pedras da calçada, esse amor pela leitura pode florescer onde menos se espera.

E ao fazer isso, ao abraçar até mesmo o mais ordinário dos textos, acenderemos uma chama no espírito de quem ainda não descobriu os segredos que os livros guardam. O poder da palavra é infinito e pode ser encontrado mesmo nos lugares mais inesperados.

Portanto, caro leitor, compartilhe essa magia. Deixe fluir seu entusiasmo contagiante e inspire outros a se aventurarem nesse vasto universo literário. Lembre-se sempre de que toda grande jornada começa com um pequeno passo ou talvez com um anúncio provocativo num painel publicitário!

Às vezes, a vida nos leva por estradas inesperadas, caminhos que não imaginávamos trilhar. E é nesse sopro sutil e divino que encontramos a gravidade de cada momento vivido. A leveza da vida é como um canto suave de um passarinho ao amanhecer, um lembrete constante de que somos guiados por algo maior do que nós mesmos, o toque amoroso de Deus.

Minha história, talvez semelhante à sua, é uma prova viva dessa presença. Cresci em um ambiente no qual os dias eram contados até aquele simbolismo quase mágico, completar 18 anos e partir para São Paulo. Era o plano, a expectativa desenhada em traços firmes nas paredes da minha juventude, como se a cidade grande fosse a resposta para todas as questões.

Mas então, em meio ao burburinho dos sonhos urbanos e das metas traçadas com fervor juvenil, percebi que havia uma mão invisível me guiando por um caminho totalmente diferente. Como uma brisa leve que nos toca na primavera e nos faz suspirar, Deus me conduziu por desígnios inesperados. Foi assim que percebi que minha verdadeira jornada estava apenas começando.

A vida me ensinou a importância de deixar fluir. Afinal, o universo tem seus próprios planos e cabe a nós abrirmos nossos corações para recebê-los com confiança e gratidão. Quando entregamos nossos anseios para essa força amorosa, encontramos uma serenidade profunda e uma beleza inigualável nas pequenas coisas do dia a dia.

Olhando para trás agora, vejo cada passo dessa caminhada como uma dança suave nas asas da providência divina. Cada desvio inesperado tornou-se um convite à descoberta, cada desafio uma oportunidade de crescer e entender meu propósito maior neste mundo.

E assim sigo, grato pelas notas dessa sinfonia chamada vida, em que Deus toca sua melodia única em minha existência. Que possamos todos nos permitir ser conduzidos pela leveza da vida, confiantes de que estamos exatamente onde precisamos estar.

Com essa certeza pulsando em meu ser, convido você também a abrir os braços para o inusitado e acolher as surpresas que Deus tem reservado para cada um de nós. Afinal, estamos todos juntos nessa jornada encantadora!

Hoje, enquanto o Sol se põe suavemente no horizonte, deixo que meus pensamentos vagueiem por um labirinto de sonhos e aspirações. É nesse crepúsculo mágico que percebo a importância de manter o foco em cada um dos meus desejos mais profundos. Como estrelas que brilham na vastidão do céu, eles me guiam, iluminando meu caminho mesmo nas noites mais escuras.

Cada objetivo é como uma flor delicada em um jardim secreto, exigindo cuidado e atenção. Assim como o jardineiro que nutre suas plantas com carinho, devo regar minhas ambições com determinação e paixão. Pois é no cultivo incessante de nossos ideais que encontramos a verdadeira beleza da vida.

E assim, ao olhar para o futuro, prometo a mim mesmo ser fiel aos meus anseios. Que eu permaneça firme na trilha dos meus sonhos, mesmo quando os ventos da dúvida tentarem apagar minha luz interior.

Porque cada passo em direção ao meu propósito é uma dança entre a coragem e a esperança, uma sinfonia que ressoa no âmago do meu ser.

Hoje, reafirmo minha ligação com os meus objetivos, eles são as páginas da minha história romântica, repletas de nuances encantadoras e desafios transformadores. E ao final dessa jornada, espero olhar para trás e ver não apenas conquistas tangíveis, mas também a magia de ter permanecido fiel ao meu coração e ao chamado da minha alma.

Recomeço

Recomeçar é uma arte que poucos dominam, mas eu me considero um artista nesse ofício. Cada capítulo da minha vida profissional tem sido marcado por parcerias, desilusões e, acima de tudo, pela resiliência.

Há um tempo, deixei o conforto do meu antigo escritório, em que era empregado, e mergulhei em uma nova jornada ao formar uma sociedade com meu compadre. Um laço sincero que logo se desfez quando ele decidiu trilhar um caminho diferente. Enquanto muitos poderiam ver isso como um revés, eu enxerguei como uma oportunidade de recomeçar.

Então veio a chance de unir forças com uma prima querida, irmã do meu ex-sócio e que considero quase como minha própria irmã. Juntos desbravamos o Maranhão, semeando sonhos e colhendo resultados. A cada passo nosso negócio florescia. Mas como a vida é feita de ciclos, essa sociedade também chegou ao fim. Mais uma vez me vi recomeçando.

No calor da transformação que estava por vir, ingressei na sociedade com Braz na empresa de consultoria, um capítulo vibrante que trouxe novas lições e experiências fascinantes.

Com coragem e esperança renascente, convidei um amigo, um homem visionário que estava à frente de uma grande empresa, para ser meu sócio em todos os negócios que tinha naquela época, inclusive a Controle Contabilidade. Nasceram aí novos desafios.

No entanto, a maré da vida é imprevisível, a dissolução da Controle Contabilidade, cuja sede era em São Luís do Maranhão, foi acompanhada pela perda abrupta dos nossos clientes nesse estado querido.

A instabilidade não parou por aí, meu sócio partiu levando consigo vários clientes valiosos. Diante disso, precisei novamente reunir as peças dispersas do meu quebra-cabeça profissional e começar tudo outra vez no Maranhão.

A vida, com sua dança cíclica de altos e baixos, é como um balé que se desenrola em um grande palco, onde cada ato é repleto de emoções intensas e inesperadas reviravoltas. Depois da minha saída da Controle Contabilidade, onde vi meus maiores clientes escorregarem entre meus dedos, decidi que era hora de desbravar novas paisagens em parceria com um sócio que, a princípio, parecia ser o homem ideal. Juntos lançamos nossas redes novamente nas águas do Maranhão, focando em Imperatriz.

Ah, Imperatriz! Uma terra vibrante cheia de promessas e oportunidades. À medida que reconstruíamos nossa base de clientes e reconquistávamos a confiança perdida, o Sol parecia brilhar mais intensamente. A esperança resplandecia a cada novo contrato fechado e a cada sorriso trocado com aqueles que voltávamos a atender. Porém, como uma nuvem impertinente que encobre um dia ensolarado, outra dissolução se aproximava silenciosamente.

Quando a sociedade que tanto valorizei se desfez mais uma vez como vapor ao vento, senti o chão sob meus pés cambalear. Os clientes do Maranhão se foram novamente, uma parte de mim vacilou frente à dor dessa batalha perdida. Mas foi nesse turbilhão de sentimentos que comecei a refletir profundamente sobre tudo isso.

A verdade é que o erro talvez estivesse dentro de mim. O enredar-se nas teias das parcerias tinha me deixado vulnerável demais, minha alma ansiava por autonomia. Assim nasceu uma nova decisão: não queria mais sociedades, queria ser capitão do meu próprio barco.

E com esse novo compromisso fiz as pazes com minha história. Tornei-me sócio apenas da Sistema Auditores, a empresa onde iniciei minha jornada como auditor. Como uma fênix renascendo das cinzas das experiências passadas, encontrei força na singularidade da minha trajetória.

Agora navego por mares desconhecidos sem amarras, sou eu quem dirige o leme dessa embarcação chamada vida profissional. E embora sinta falta das conexões do passado e dos laços rompidos ao longo do caminho, estou pronto para explorar novos horizontes por conta própria, de coração aberto às novas possibilidades que surgem à medida que sigo em frente.

A sequência dos dias continua, sou grato pelas lições aprendidas e pela liberdade conquistada na solidão escolhida. Afinal, nesse imenso teatro da vida, onde tantas histórias se entrelaçam e se desenrolam diante dos nossos olhos inquietos, eu finalmente escolhi dançar meu próprio ritmo leve e destemido enquanto escrevo novos atos nesta narrativa repleta de sabedoria e resiliência que persiste em meu coração aventureiro.

Hoje estou sozinho na jornada empresarial. Mas não estou desamparado, estou forte pelo aprendizado que cada experiência me trouxe. As quedas não foram em vão, elas moldaram minha resiliência e fortaleceram minha vontade de seguir em frente.

Assim sigo adiante, aprendendo com meus recomeços e celebrando cada pequena vitória num caminho cheio de incertezas e possibilidades infinitas. Porque recomeçar é também dançar com os desafios da vida, é encontrar beleza nas transições e coragem nas mudanças inevitáveis que a vida nos apresenta.

E quem sabe quantos recomeços ainda estão por vir? Acredito firmemente que cada porta fechada abre espaço para outra se abrir – cheia de oportunidades esperando para serem descobertas. E assim sigo, com o coração aberto às novas possibilidades que ainda estão por vir.

A queda e a dor são intrínsecas à jornada da vida, como as ondas que dançam no mar. Cada desafio enfrentado não é um sinal de fraqueza, mas um convite para nos reerguermos com mais força e fé. É nesse levantar que encontramos a verdadeira essência do nosso ser.

A dor, embora intensa, é temporária, ela se torna uma parte da nossa história, enriquecendo nossa alma com aprendizados valiosos. E após cada tempestade, a alegria resplandece, trazendo consigo a luz de novas possibilidades.

É esta mensagem que compartilho com meus clientes e alunos: a vida é um ciclo de quedas e renascimentos, cada passo adiante é uma celebração da nossa coragem e resiliência.

Família

Em meio às areias douradas de São Luís do Maranhão, onde o Sol se despedia em tons vibrantes de laranja e rosa, encontrei um tesouro que transformou minha vida, Maria do Rosário. Com seu sorriso radiante e olhar doce, ela tornou-se a âncora em meio às tormentas que já enfrentei. Ah, como sou grato por ter ao meu lado uma mulher incrível, capaz de abraçar não apenas as minhas virtudes, mas também as minhas falhas sempre com um amor incondicional que me lembra de quem realmente sou.

Juntos construímos um lar pulsante de amor e risadas, onde a alegria floresceu na forma dos nossos três filhos, Ricardo, Rodrigo e Bia. Cada um deles traz uma parte do nosso coração para esta bela tapeçaria da vida. Lembro-me daqueles momentos em que eles davam os primeiros passos ou suas vozes infantis ecoavam pela casa, eram pequenas notas musicais que compunham a sinfonia da nossa existência.

Com o passar dos anos, novas vozes entraram nesta canção primordial, Marco Antônio, Mateus e Davi vieram iluminar ainda mais nossos dias. Eles são a continuidade do nosso amor, frutos da dedicação incansável e das noites mal dormidas que tivemos ao criar aqueles que amamos. Esses netos são como pequenos raios de sol que enchem nossos corações de uma alegria indescritível, suas risadas são melodias que ressoam em tudo o que fazemos.

Sim, muitas vezes me peguei pensando no sacrifício inerente à paternidade. Quando recebemos nossos filhos em nossos braços, fazemos um voto silencioso, deixamos de viver apenas para nós mesmos e passamos a viver intensamente para eles. O peso das responsabilidades se torna leve quando observamos suas conquistas, cada pequeno triunfo deles é uma vitória compartilhada.

Confesso que sinto lamento por não terem enfrentado as dificuldades pelas quais passei na minha juventude, desafios que moldaram meu caráter e me ensinaram sobre resiliência. Mas talvez tenha sido este o meu papel, proteger os meus amores das tempestades do passado, oferecendo-lhes um abrigo seguro onde possam sonhar livremente.

Maria do Rosário é testemunha dessa bela jornada. Com ela ao meu lado, compreendi o verdadeiro significado da entrega e do amor multifacetado, aquele amor imenso que transcende gerações. Que ao olharmos para trás possamos ver uma história entrelaçada com afeto, que possamos celebrar a riqueza da vida em cada riso compartilhado.

Assim seguimos juntos, eu, Maria do Rosário e nossa adorável família navegando pelo mar infinito da vida, no qual cada onda traz novas memórias e cada pôr do sol nos presenteia com gratidão. Que o amor continue crescendo entre nós como flores eternas em um jardim celestial!

Espiritualidade

Em meio ao turbilhão da vida, onde os dias se desdobravam em uma dança frenética de compromissos e responsabilidades, eu costumava acreditar que tudo estava sob controle. O sucesso profissional me envolvia como um manto, mas no fundo do meu ser, havia uma sensação persistente de desordem. Era como se eu estivesse flutuando em um mar agitado, sem perceber que as ondas ocultavam a verdade sob a superfície.

Foi então que o destino decidiu me presentear com uma experiência transformadora: o seminário de vida no Espírito Santo oferecido pela amável comunidade católica Shalom. Ali, em um espaço mergulhado em amor e acolhimento, algo começou a mudar dentro de mim. Em 1990, essa jornada se tornou o meu divisor de águas.

Sentado entre aqueles que também buscavam sentido e renovação, fui tocado por um amor divino que transcendeu explicações racionais. A presença de Deus se manifestou como um sussurro suave no meu coração, revelando-me não apenas o seu cuidado constante, mas também minha própria cegueira diante dele. Compreendi que cada passo dado na minha trajetória havia sido iluminado por sua graça mesmo quando eu estava tão distante disso.

Às vezes, em meio às tormentas da vida, nos perdemos na busca incessante pela felicidade, um tesouro que parece sempre a distância, escondido nos brilhos efêmeros do trabalho, do dinheiro e das conquistas. Como náufragos de um mar revolto, nos atiramos nas ondas

das ilusões, acreditando que a felicidade reside no próximo cargo, na próxima compra ou na próxima conquista. Mas ah, como o coração sabe sussurrar verdades esquecidas!

Foi ao silenciar a mente e abrir o peito para o divino que percebi que a felicidade plena não habita em objetos ou status, ela respira suavemente dentro de nós. É um espírito que dança gentilmente em cada canto do nosso ser o Espírito Santo, uma melodia suave que se revela quando deixamos de lado as distrações mundanas e nos permitimos mergulhar na presença amorosa de Deus.

Como flores ansiosas por raios de Sol, buscamos essa luz primordial que ilumina não apenas o exterior, mas também as profundezas da alma. Quando finalmente nos dirigimos para dentro e tocamos a essência dessa paz divina que aguarda pacientemente, encontramos a verdadeira felicidade, aquela que não se abala com os altos e baixos da vida, uma alegria serena aninhada em nossa existência.

Espero, caro leitor, amigo dessa jornada compartilhada, que você já tenha descoberto esse refúgio interior. Que tenha sentido o abraço caloroso do amor divino envolvendo seu coração cansado. Que tenha comparado essa busca ao abrir uma porta resplandecente para um jardim secreto repleto de cores vibrantes e aromas inebriantes.

Permita-se flutuar nessa alegria silenciosa. Deixe que ela invada sua vida como um sopro suave de brisa fresca nas manhãs mais quentes. Ame-se em cada imperfeição, reconhecendo que é nesse tecido de fragilidade e beleza que o divino se destaca com esplendor.

A verdadeira felicidade é como um rio tranquilo em meio à agitação da vida, existe em cada olhar carinhoso compartilhado, ressoa nas risadas das crianças, pulsa no ritmo do seu coração quando você ora ou medita, floresce no silêncio dos momentos de gratidão.

Que você possa dançar ao som da canção interna do amor divino e encontrar descanso na certeza de que a verdadeira alegria já reside em você. E assim, vivendo e amando plenamente, você será testemunha desse milagre radiante chamado felicidade.

À medida que os anos passaram e eu olhei para trás, vi uma película mágica projetar-se na tela da minha memória. Um filme em que eu aparentemente navegava sem direção clara, cada escolha feita como se fosse guiada por mãos invisíveis e bondosas. E nesse retorno ao passado, percebi com clareza a delicada tapeçaria dos acontecimentos que moldaram quem eu sou hoje.

Olhando para a jornada, um caminho floreado por desafios e bênçãos, sinto o peso da gratidão transbordar em minha alma. Como poderia ter ignorado a melodia das graças cantadas ao longo desse percurso? Quantas vezes deixei de glorificar aquele que me guiou com tanto carinho?

Agora é tempo de reconhecimento. Tempo de permitir que meu coração exalte aquele amor incondicional, tempo de abraçar cada momento dessa história escrita pelo Criador com cores vibrantes e nuances profundas. Assim como as flores precisam do Sol para florescerem plenamente, agora compreendo que é na luz do amor divino que encontrarei não só direção, mas também o verdadeiro significado da vida.

E enquanto caminhamos juntos nessa jornada contínua, eu e Deus, prometo ser gentil comigo mesmo e deixar a gratidão ressoar em cada ato, celebrando as pequenas vitórias cotidianas e reconhecendo os imensos presentes enraizados nas complexidades dessa vida maravilhosa. Pois agora sei que não estamos sozinhos nessa dança, somos conduzidos pelo compasso divino do amor eterno.

GLÓRIA A DEUS

FIM